성경의 독자들은 상식과 체험으로 알고 있었으나 후대의 독자들에게는 낯설고 대충 얼버무리며 지나치기 쉬운 것이 바로 성경의 우주적, 초자연적 세계관이다. 예수님의 가르침과 행위도 초자연적 세계관에 대한 이해가 있어야 적절히 해석될 수 있다. 그러나 사회-정치-경제적 세계관에 대한 자료에 비해 우주적 세계관에 대한 연구서, 그것도 성경 본문을 거시적 관점에서 다루는 책을 찾기는 쉽지 않다. 이런 점에서 본서는 희귀하고 소중하다. 독자는 창세기의 에덴에서부터 요한계시록의 영원한 에덴에 이르는 해석의 긴 여정을 통해 인간에게 주어진 사명, 영적 전쟁, 하나님 나라의 도래와 완성 등을 우주적 관점에서 이해할 수 있다.

강대훈 | 개신대학원대학교 신약학 교수, 『마태복음 주석』 저자

전작 『보이지 않는 세계』는 본문에 분명히 기록되어 있지만 우리가 잘 보지 못했던 초자연적인 천상에 관한 이야기를 구체적으로 들려주었다. 이번에는 신구약을 종횡무진 넘나들면서 잘 보이지 않았던 초자연적 세계를 또렷이 들추어내고, 현실에서 고의로 눈감고 있었던 그리스도인의 사명을 환기시킨다. 하나님의 웅장한 계획을 예수님처럼, 바울처럼 인식한다면, 우리 삶은 어떻게 변할 것인가? 이 책은 보이지 않는 세계에 대한 믿음과 지식으로 보이는 세계를 어떻게 살아야 할지를 선명하게 제시하는 전작의 실천편이라 할 수 있다.

김한원 | 하늘샘교회 담임목사, 『올댓보카 신약헬라어』 저자

성경에는 초자연적 세계에 관한 구절들이 의외로 많다. 보이지 않는 영적 세계는 신비로운 천상의 영역에서 뭔가 작동하는 내용들을 담고 있는데, 신들의 모임, 천상회의, 신적 회의체, 어전회의와 같은 용어로 표현된다. 성경을 믿는다는 것은 이런 현상을 고대인들의 미신적 신화 정도로 가볍게 여기지 않는다는 뜻일 것이다. 이미 대작 『보이지 않는 세계』에서 이 문제를 학문적으로 심도 있게 다룬 저자가 이번에는 좀더 대중적이면서도 실질적인 필치로 독자들에게 다가간다. 성경이 신들 및 영적 세계를 끊임없이 언급하는 목적은 그리스도인에게 창조주 하나님 한 분에 대한 신앙을 강화시키면서 궁극적으로 그리스도인이 하나님이 계신 본향을 향한 순례자임을 인식시키려는 데 있다고 저자는 설파한다. 그리고『 창세기의 에덴에서부터 계시록의 새로운 에덴, 즉 새 하늘과 새 땅까지 이르는 영적이고도 초자연적인 세계를 활짝 펼쳐 보인다. 성경신학적으로 튼실하고, 기독론적 해석이 돋보이며, 성경읽기의 새로운 안목을 열어줄 뿐 아니라 신앙적으로 많은 유익을 얻게 되는 독특한 책이다. 가독성이 좋다. 목회자, 신학생은 물론 일반 신자들도 꼭 한번 읽어볼 것을 권한다.

류호준 | 백석대학교 신학대학원 구약학 교수, 『이사야서 I』 저자

독자는 이 책을 통해 성경의 위대한 구속의 드라마를 볼 수 있다. 에덴에서부터 새 에덴에 이르기까지 구원을 향한 하나님의 계획과 열심을 느낄 수 있다. 새 에덴이 오기까지 우리를 향한 하나님의 사랑과 부르심을 깨달을 수 있다. 그리고 이 위대한 목적을 수행하기 위해 천상에서 어떤 일이 펼쳐지는지 확인할 수 있다. 이 사실을 깨닫고 나면, 성경을 바라보는 시야가 확장되면서 기도의 깊이를 더하게 될 것이다.

방영민 | 서현교회 부목사, 크리스찬북뉴스 편집위원

교회 안팎으로 "삶을 변화시키는 것", "세계관을 변화시키는 것"에 관한 수많은 이야기들이 있다. 이 책을 통해 엘리사의 시종처럼 나는 수년간 성경의 영적 세계에 관한 이해에서 우리가 놓쳐왔던 것들, 즉 보이지 않는 세계와 그곳에 존재하는 하나님의 신적 회의 기구 및 그분의 초자연적 운영 방식에 눈뜨게 되었다. 그러면서 내 삶이 바뀌었고 내 세계관 또한 변화를 겪고 있다. 이 책을 읽고 당신의 삶과 세계관 역시 변화되기를 기대한다.

브라이언 고다와 | 『네피림 연대기』 성경 픽션 시리즈 저자

성경의 초자연적 세계관

성경이 증거하는 보이지 않는 세계

성경의 초자연적 세계관

마이클 하이저 지음

채정태 옮김

좋은씨앗

SUPERNATURAL: What the Bible teaches about the unseen world
— and why it matters
by Michael S. Heiser

Originally published in English under the title *Supernatural*

published by the permission of Lexham Press,
1313 Commercial St., Bellingham, WA 98225, U.S.A.

성경의 초자연적 세계관: 성경이 증거하는 보이지 않는 세계

초판 1쇄 인쇄 | 2020년 7월 10일
초판 1쇄 발행 | 2020년 7월 20일

지은이 | 마이클 하이저
옮긴이 | 채정태
펴낸이 | 신은철
펴낸곳 | 좋은씨앗
출판등록 제4-385호(1999. 12. 21)
주소 | (06753) 서울시 서초구 바우뫼로 156(양재동, 엠제이빌딩) 402호
주문전화 | (02) 2057-3041 주문팩스 | (02) 2057-3042
페이스북 | www.facebook/goodseedbook
이메일 | good-seed21@hanmail.net

ISBN 978-89-5874-336-1 03230

엄마, 아빠, 에드, 얀 스페로우에게

누가 이런 일이 생길 줄 알았을까?
우리는 알고 있어.
사무엘상 1:1-28

CONTENTS

『성경의 초자연적 세계관』은 내가 쓴 책 『보이지 않는 세계』에 기반을 두고 있어서, 비록 축약된 형태지만 그 책에 기록된 감사의 글이 이 책에도 고스란히 적용된다.

온라인 토론 모임에 감사드린다. 이 모임은 천상회의와 보이지 않는 세계에 대한 성경신학적 탐구를 내 학문의 핵심 논점으로 삼기로 결심한 직후에 결성되었다. 자연스럽게 나는 이 모임을 천상회의 스터디 그룹(Divine Council Study Group)이라 불렀다. 박사과정을 졸업하고 로고스 바이블 소프트웨어에 입사한 이후인 2004년에 이 모임은 해체되었지만, 나는 이 모임에서의 활동 덕분에 이 두 권의 책을 저술할 수 있었다.

『보이지 않는 세계』는 『그 신화는 사실이다』(*The Myth That Is Truth*)라는 이름으로 묶인 한 원고에서 출발했다. 사실 이 원고는 웹사이트의 내용과 내 소설인 *The Façade*의

팔로워들을 위해 작성한 것이었다. 그 자료들 대부분은 먼저는 뉴스레터, 이후에는 블로그에 게재되었는데, 이런 발상으로 인해 나는 매달 무언가를 생산해야만 하는 책임감을 느꼈다. 2012년에 "신화 책"(the Myth book)이라 불리는 내 첫 번째 원고의 초안을 완성했다. 그리고 그 원고는 독자들의 피드백을 통해 개선되었다. 이 책에 기여한 사람들의 구체적인 이름은 『보이지 않는 세계』의 '감사의 글'에 실려 있다.

『보이지 않는 세계』와 『성경의 초자연적 세계관』을 출판하게 된 데에는 페이스라이프와 로고스 바이블 소프트웨어를 담당하는 추진력 있는 경영진, 밥 프리챗, 데일 프리챗, 빌 니엔휘스의 공로가 컸다. 그들은 내 원고를 계속 발전시켜 수준을 끌어올렸을 뿐 아니라, 그 내용을 축약본으로도 출간할 필요가 있음을 미리 내다보았다. 이것이 『성경의 초자연적 세계관』이 출간된 배경이다. 이 책도 『보이지 않는 세계』의 편집자인 데이브 램버트가 맡아주었다. 그의 전문적인 식견과 경험을 모든 페이지에서 발견할 수 있다. 지금도 내 머릿속에는 그가 깊이 각인되어 있다.

마지막으로 아내 드레나에게 감사를 전한다. 그녀가 있었기에 이 모든 일을 해낼 수 있었다.

오늘날 그리스도인들은 대체로 상상력이 빈곤하다. 성경이 하나님의 말씀임을 믿고 자신의 세계관으로 받아들이면서도, 하나님이 자신의 삶에 초자연적으로 간섭할 수 있다는 가능성을 좀처럼 기대하지 않으며, 보이지 않는 영적 세계가 실제로 현실 세계와 놀랍게 조응하며 하나님 나라의 완성을 향해 전진하고 있음을 거의 의식하지 못한다. 오늘날 많은 그리스도인들은 사도신경에서 고백하는 예수님의 동정녀 탄생이나 부활과 같은 몇 가지 기적들을 제외하고는 성경에 기록된 거의 모든 초자연적 요소들을 진지하게 숙고하지 않으며, 신앙생활에서도 바울이 에베소서에서 묘사하는 것처럼 영적 전쟁의 한복판에 자신이 놓여 있음을 의식하지 못한다. 그것은 성경에 대한 믿음이 부족하기 때문이 아니라 오히려 현대의 세계관에 의해 영적인 상상력이 심각하게 제한받고 있기 때문이다.

한편 성경은 전혀 다른 분위기를 연출한다. 성경에는 특히 초자연적인 존재들이 구원의 대서사에 쉼 없이 등장한다. 그들은 아담과 함께 에덴 동산을 관리했고, 여호와의 승인을 받고 바벨탑의 소요에 대응했으며, 소돔으로부터 롯을 구출했고, 아브라함과 함께 식탁에 앉아 미래를 예언했다. 그들은 야곱과 밤새워 씨름했고, 시내산에서 여호와의 강림을 보좌했으며, 가나안 정복 전쟁에서는 여호와의 군대장관으로 동행했고, 그 이후로도 종종 이스라엘의 전쟁에 관여했다. 그들은 포로기 이후의 선지자들에게 나타나 여호와의 날을 약속했고, 다니엘에게 묵시의 비밀을 전했으며, 심지어 미가엘은 제국의 전쟁까지도 관여했다. 신약에서도 같은 일이 벌어진다. 예수님의 탄생이 별과 꿈과 천사를 통해 계시되었으며, 천사들은 때때로 예수님에게 시중을 들거나 그의 기도를 돕기도 했고, 옥중에 잠들어 있던 베드로의 옆구리를 쳐서 깨우며 그를 구출했다. 히브리서 저자는 독자들에게 부지중에 천사를 대접할지도 모르니 나그네 대접하기를 성실히 할 것을 당부하기도 했다. 요한계시록에서 천사의 역할은 더 말할 것도 없다.

이 모든 초자연적인 요소들은 단순히 교훈을 주기 위한 해프닝에 불과할까? 아니면 마치 연극 무대를 꾸미는 일종의 소품과 같아서 일단 공연이 끝나고 나면 더 이상 쓸모없게 되는 그런 종류의 소재인 걸까? 사실 오늘날 대부분의 그리스도인들이 천상의 존재들을 그렇게 취급해왔을 것이다. 우리는 이런 초자연적인 존재들은 깜짝 등장했다가 사라지는 엑스트라와 같아서 작품의 핵심 주제나 줄거리에는 거의 아무것도 기여하지 못한다고 생각한다.

만일 우리가 이런 초자연적인 존재들을 진지하게 상상하면서 성경을 다시 읽어본다면 어떨까? 이 책은 그런 상상이 성경적으로 충분한 근거를 갖추고 있음을 일깨워준다. 마이클 하이저는 이미 그의 대표작인 『보이지 않는 세계』(*The unseen realm*)에서 성경 전체에 등장하는 천상의 존재들을 자세히 소개하면서 그들이 구속사에서 얼마나 중요한 위치를 차지하는지를 훌륭하게 입증한 바 있다. 『성경의 초자연적 세계관』(*supernatural*)은 『보이지 않는 세계』를 요약하여 일련의 스토리로 재구성한 책이다. 그래서 『보이지 않는 세계』처럼 복잡하고 학문적인 논증으로 인해 이야기의 흐름이 잠시 중단되지 않으며, 저자가 탐구한 바를 철저히 다뤄보려는 의욕으로 인한 산만함도 없다. 저자는 이미 오랜 세월 이 주제를 발전시켰고, 『보이지 않는 세계』라는 대작을 완성했으며, 이제는 초자연적 세계관의 밑그림 위에서 복음을 다시금 설명해보려는 경건한 마음으로 이 책을 내놓았다. 그래서 내용이 쉽고 이야기 전개에 막힘이 없다.

이 책을 대표하는 주제를 손꼽으라면 단연 "천상회의 세계관"(Heavenly Council Worldview)을 들 수 있을 것이다. 하나님은 인간 이외에도 구속사의 중요한 파트너이자 조력자로서 초자연적인 존재들을 창조하셨다. 인간이 이 땅에 속한 하나님의 형상인 것처럼, 천상회의의 일원들은 하늘에 속한 하나님의 형상으로 이 세상을 무대로 한 구속 드라마에 긴밀히 참여한다. 흔히 우리는 이들을 '천사'로 통칭해왔지만, 성경이 천상회의의 구성원들을 호명하는 것을 자세히 살펴보면 이 세계관은 훨씬 다양한 부류의 존재들을 포함한다는 것을 알 수 있다. 이들은 하나님을 부를 때 사용하는 '엘로힘' 또는 '엘로힘의 아들들'로 불리며, 천상회의를 통해 지상의 일에 적극적으로 관여하고 구속사에서 꽤 비중 있는 역할을 수행한다. 이들은 인류의 타락에 결정적으로 기여할 뿐 아니라 심판과 구속에서 인류와 운명을 같이한다.

이러한 천상회의 세계관은 천사들에 대해 지나친 상상을 자제해야 한다는 기존의 신학적 편견에서 벗어날 것을 요구한다. 칼빈은 『기독교 강요』에서 가톨릭 교회가 성경이 말하는 것 이상으로 천사들에 대해 신화적인 허구를 양산한 것을 비판한 바 있다. 오늘날 칼빈의 지적에 공감하는 많은 그리스도인들 역시 누군가가 천사에 대한 신비로운 이야기를 꺼내들면 비슷한 태도를 보인다. 하지만 우리는 최근 성경 연구의 발전으로 인해 성경이 천사들에 대해 꽤나 많은 이야기를 하고 있었음을 알게 되었다. 저자에 따르면, 천사들은 단순한 해프닝을 설명하기 위한 작품 소재가 아니라 구속 드라마의 핵심적인 조연 배우들이다. 따라서 천상회의라는 배경과 맥락에서 복음을 다시 설명해보려는 이 책의 시도는 꽤나 흥미롭고 도전적이다.

아마 이 책을 읽은 독자들은 결코 이전처럼 성경을 읽을 수 없게 될 것이다. 그리고 우리의 구속 드라마가 매우 가슴 뛰는 이야기로 채워져 있음을 깨닫고 우리가 수행하는 영적 전쟁과 장차 맛보게 될 하나님 나라의 완성에 대해 새로운 시각을 얻게 될 것이다. 나 역시 저자가 인용했던 것처럼 영적인 세계에 눈이 어두운 종을 위해 엘리사가 기도한 내용을 인용하면서 독자들에게 도전하고 싶다. "여호와여 원하건대 그의 눈을 열어서 보게 하옵소서"(왕하 6:17).

1. 성경을 믿는다는 것

당신은 정말로 성경이 말하는 바를 믿는가?

이 책을 주로 그리스도인들이 읽을 것이라 예상한다면 어떤 이들에게 이 질문은 좀 이상할 수도 있겠다. 하지만 나는 그렇게 생각하지 않는다. 성경에는, 특히 현대 세계에서는 믿기가 꽤나 어려운 이상한 내용들이 있기 때문이다.

뭔가 엄청난 사건들을 말하는 게 아니다. 가령 하나님이신 예수님이 이 땅에 오셔서 십자가에서 죽으시고 죽은 자 가운데서 부활하셨다는 이야기를 정말 믿느냐고 묻는 게 아니다. 하나님이 홍해를 가르시고 이스라엘을 애굽에서 구출해내신 기적적인 이야기를 정말 믿느냐고 묻는 게 아니다.

대부분의 그리스도인은 그런 사건들을 당연히 믿는다고 말한다. 어쨌거나 당신이 하나님이나 예수님을 믿지 않는다거나, 그분들이 기적을 행하실 수 있음을 믿지 않는다면, 어떻게 그리스도인이라 할 수 있겠는가?

대신 내가 (당신에게 성경이 말하는 것을 정말 믿느냐고) 물으며 염두에 둔 것은 잘 알려지지 않은 초자연적인 주제들이다. 성경을 읽다보면 이따금씩 마주치긴 하지만, 교회에선 거의 들어보지 못하는 내용이다.

한 가지 예를 들어보겠다. 열왕기상 22장에는 이스라엘의 악한 왕 아합에 대한 이야기가 나온다. 그는 유다 왕과 군사 동맹을 맺어 길르앗 라못에서 아람을 공격하고자 했다. 유다 왕은 미래를 슬쩍 엿보고 싶어 하는데, 이는 그들이 길르앗 라못을 침공하면 무슨 일이 일어날지 궁금했기 때문이다. 그래서 두 왕은 아합의 선지자들에게 그 출정의 가부에 대해 예언해줄 것을 요구하고 선지자들은 일제히 찬성표를 던진다. 하지만 그들은 그저 아합이 듣고 싶은 대로 말할 뿐이었고, 두 왕은 모두 이 사실을 알았다. 그래서 어떻게 했을까? 두 사람은 미가야라는 하나님의 선지자에게 따로 묻기로 한다. 하지만 미가야는 아합에게 좋은 소식을 말하지 않는다.

그런즉 왕은 여호와의 말씀을 들으소서. 내가 보니 여호와께서 그의 보좌에 앉으셨고 하늘의 만군이 그의 좌우편에 모시고 서 있는데, 여호와께서 말씀하시기를 "누가 아합을 꾀어 그를 길르앗 라못에 올라가서 죽게 할꼬" 하시니, 하나는 이렇게 하겠다 하고 또 하나는 저렇게 하겠다 하였는데, 한 영이 나아와 여호와 앞에 서서 말하되 "내가 그를 꾀겠나이다." 여호와께서 그에게 이르시되 "어떻게 하겠느냐." 이르되 "내가 나가서 거짓말하는 영이 되어 그의 모든 선지자들의 입에 있겠나이다." 여호와께서 이르시되 "너는 꾀겠고 또 이루리라. 나가서 그리하라" 하셨은즉, 이제 여호와께서 거짓말하는 영을 왕의 이 모든 선지자의 입에 넣으셨고 또 여호와께서 왕에 대하여 화를 말씀하셨나이다(왕상 22:19-23).

여기서 성경이 당신에게 믿으라고 요청하는 바가 무엇인지 알아챘는가? 하나님이 한 무리의 영적인 존재들과 회의하시며, 그들과 더불어 지상에서 일어날 일에 대해 결정하고 계신다는 말인가? 정말 그렇단 말인가?

또 다른 예를 유다서에서 살펴보자.

또 자기 지위를 지키지 아니하고 자기 처소를 떠난 천사들을 큰

날의 심판까지 영원한 결박으로 흑암에 가두셨으며(유 1:6).

하나님이 한 무리의 천사들을 어두운 지하 감옥에 가두셨다고? 정말?

앞서 말했듯이, 성경에는 이상한 내용이 많다. 특히 보이지 않는 영적인 세계가 존재한다. 나는 적어도 그리스도인들에게 그다지 논란이 되지 않는 가르침들, 가령 성경의 초자연적인 여러 주제 중 예수님이 누구시며 그분이 무슨 일을 행하셨는지에 대한 내용은 별 문제없이 받아들이면서도 위의 예시와 같은 본문들을 꽤나 불편해하면서 한편으로는 무시하는 경향을 드러내는 많은 그리스도인을 만나왔다. 얼마 전에도 이런 일을 겪었다. 아내와 함께 어떤 교회에 방문했는데, 마침 그 교회의 목사님은 베드로전서를 연속 설교로 강해하는 중이었다. 그날 본문은 베드로전서 3:18-22이었고 목사님이 강단에서 처음으로 한 말은 이것이었다. "여기 이 구절들은 넘어가겠습니다. 너무 이상해요." 해당 구절이 "이상하다"고 말한 이유는 거기에 자신의 신학에 잘 들어맞지 않는 초자연적인 요소들이 등장했기 때문이다. 본문은 다음과 같다.

> 그리스도께서도 단번에 죄를 위하여 죽으사 의인으로서 불의한 자를 대신하셨으니, 이는 우리를 하나님 앞으로 인도하려 하심이라. 육체로는 죽임을 당하시고 영으로는 살리심을 받으셨으니, 그가 또한 영으로 가서 '옥에 있는 영'들에게 선포하시니라. 그들은 전에 노아의 날 방주를 준비할 동안 하나님이 오래 참고 기다리실 때에 복종하지 아니하던 자들이라. 방주에서 물로 말미암아 구원을 얻은 자가 몇 명뿐이니 겨우 여덟 명이라(벧전 3:18-20).

이 옥에 있는 영들은 도대체 누구일까? 게다가 옥은 어디를 말하는 걸까? 그 목사님은 이것에 대해 알지 못했고 또 대답하고 싶지도 않았던 터라 단순히 이 본문을 건너뛰기로 선택했다.

성경학자로서 나는 그런 이상한 본문들(그리고 성경에서 잘 알려지지 않았고, 잘 이해되지 않는 많은 본문들)이 실제로는 상당히 중요하다는 사실을 알게 되었다. 그것들은 하나님과 보이지 않는 세계, 그리고 우리의 삶에 대해 매우 구체적인 지식을 전해준다. 이를 믿든지 안 믿든지 관계 없이, 우리가 그것들에 대해 잘 알고 그 의미를 충실히 이해한다면, 아무리 어렵고 복잡하다 해도 그것들은 하나님과 타인에 대해, 그리고 우리의 존재 이유와 최종 목표에 대한 우리의 세계관에 커다란 변화를 일으킬 것이다.

바울은 고린도 교회에 쓴 자신의 첫 번째 편지에서, 교회의 한 식구인 신자들이 내부에서 발생한 분쟁을 해결하고자 서로를 법정에 세운 일을 책망한다. 바울이 보기에 그것은 시간과 감정을 낭비할 뿐 아니라 기독교 신앙에 대해 세간의 부정적인 인식을 키우는 일이었다. 바울은 기가 막혀서 이렇게 말한다. "여러분은 자신들이 세상을 심판하게 될 것을 모르십니까? 여러분이 장차 천사들까지도 다스리게 될 것을 알지 못한단 말입니까!"(고전 6:3, 저자 사역).

세상을 심판한다고? 아니, 천사들을 다스린다고?

이 난해한 구절에서도 바울은 매우 감동적이면서 동시에 삶을 변화시키는 메시지를 전하고 있다. 성경은 초자연적인 존재들의 활동을, 우리의 삶과 운명에 연결시킨다. 언젠가 우리는 세상을 심판할 것이다. 바울이 말한 대로, 우리는 천사들을 다스릴 것이다. 이에 대해서는 나중에 구체적으로 다루겠다.

성경의 이야기는 곧 하나님이 우리를 어떻게 창조하셨는지에 관한 내용일 뿐 아니라, 하나님이 얼마나 우리가 그분의 하늘 가족의 일원이 되기를 원하시는지에 관한 내용이다.

그렇기 때문에 바울은 고린도 교회(와 우리)에게 그런 이야기를 힘주어 전할 수 있었다. 같은 이유로, 성경이 (우리가 한 가족이며 가족으로 함께 일한다는 식의) 가족 용어를 사용해 하나님과 예수님, 보이지 않는 세계의 영적 존재들, 그리고 나와 당신과 같은 신자들을 "공동체"로 묘사하는 것은 결코 우연이 아니다. 하나님은 인류를 가족의 일원으로 받아들이시고, 그 인류가 창조 세계를 다스리는 하나님의 사업에 함께하기를 원하신다.

> **Supernatural**
>
> 만일 당신이 성경을 제대로 믿지 않는다면, 성경이 보이지 않는 세계에 대해 정말로 무엇을 말하는지, 그리고 그 세계가 당신의 삶과 어떻게 관련 있는지 깨닫는 데 어떤 도움도 주지 못할 것이다.

우리 모두는 하늘에서처럼, 땅에서도라는 개념을 알고 있다. 이것은 주님이 가르쳐주신 기도에서도 확인할 수 있는 사상이다(마 6:10). 태초에 하나님은 인류로 구성된 자신의 가족이 (보이지 않는 세계에 이미 존재하던) 천상의 무리와 함께 완전한 세계에서 그분과 더불어 살기를 원하셨다. 이 책은 어둠의 권세들이 반역을 저질렀고 그로 인해 잠시 실패하는 듯 했으나 궁극적으로는 성공하게 될 하나님의 목적에 대한 이야기를 담고 있다. 그 이야기는 이 책뿐 아니라 성경의 핵심 주제이기도 하다. 그렇기에 만일 성경이 이야기하는 대서사의 (일부이면서도 수많은 성경 교사들에 의해 무시되어 온) 초자연적 존재들을 포함한 모든 등장인물들을 다루지 않는다면, 우리는 성경의 드라마를 제대로 감상할 수 없을 것이다.

성경 안에서 하나님의 천군(God's heavenly host)에 속한 구성원들은 주변적이거나 사소한 존재들이 아니며, 결코 우리 인류의 이야기와 무관하지도 않다. 오히려 그들은 비중 있는 역할을 맡고 있다. 하지만 현대의 성경 독자들은 성경에 있는 수십 개의 친숙한 사건들에서 초자연적 세계가 드러내는 매혹적인 방식들에 충분히 시선을 두지 않은 채 자주 지나쳐버린다. 나도 지금에서야 성경에서 보게 된 것들을 발견하기까지 수십 년이 걸렸다. 수십 년에 걸친 나의 연구의 결실을 이제 함께 나누고자 한다.

내가 처음에 던졌던 질문으로 다시 돌아가보자. 당신은 정말로 성경이 말하는 바를 믿는가? 당신의 눈에 보이지 않는, 초자연적 세계에 관한 지식들은 성경을 제대로 믿을 때라야 진가를 발휘한다. 제대로 믿지 않는다면, 성경이 보이지 않는 세계에 대해 정말로 무엇을 말하는지, 그리고 그 세계가 당신의 삶과 어떻게 관련있는지 깨닫는 데 어떤 도움도 되지 못할 것이다.

열왕기하 6:8-23에서 선지자 엘리사는 다시금 문제에 봉착했다. 격노한 아람 왕이 군사를 보내어 그가 머물던 성읍을 포위한 것이다. 엘리사의 종이 두려움에 사로잡혔을 때, 그는 종에게 이렇게 말한다. "두려워하지 말라. 우리와 함께 한 자가 그들과 함께한 자보다 많으니라." 종이 이를 반박하기도 전에 엘리사는 이렇게 기도한다. "여호와여, 원하건대 그의 눈을 열어서 보게 하옵소서." 하나님은 즉각적으로 응답하신다. "여호와께서 그 청년의 눈을 여시매 그가 보니 불말과 불병거가 산에 가득하여 엘리사를 둘렀더라"(왕하 6:17).

나도 엘리사처럼 당신을 위해 기도한다. 부디 하나님이 당신의 눈을 열어 보게 하시기를, 그래서 당신이 성경에 대해 완전히 새롭게 눈뜨게 되기를 소망한다.

2.
보이지 않는 세계: 하나님과 신들

사람들은 초자연적 세계나 초능력자에 열광한다. 최근의 엔터테인먼트 산업을 생각해보라. 지난 수십 년간 쏟아져 나온 수많은 책, 텔레비전 드라마, 영화마다 천사, 외계인, 괴물, 귀신, 유령, 악마, 마녀, 마법사, 뱀파이어, 늑대인간, 슈퍼히어로가 등장했다. 수많은 할리우드 흥행작에도 초자연적인 존재들이 등장한다. 〈엑스맨〉, 〈어벤저스〉, 〈해리포터〉 시리즈, 〈슈퍼맨〉, 〈트와일라잇〉 시리즈 등이 있다. 〈프린지〉 시리즈는 물론이고 〈수퍼내추럴〉과 〈엑스파일〉 같은 오래된 텔레비전 드라마도 새로운 에피소드가 나올 때마다 팔로워들의 엄청난 반응을 이끌어내고 있다. 말그대로 온갖 이야기, 책, 영상

분야에서 이런 것들은 줄곧 인기몰이를 해왔던 소재들이 아니던가?

왜 그렇게 인기가 있을까?

가능한 대답 중 한 가지는, 이런 것들이 일상적이고 평범한 것에서 벗어나 있다는 점이다. 이런 것들은 우리가 살고 있는 실제 세계보다 훨씬 흥미진진하고 스릴 넘치는 세계를 제공한다. 거기엔 우리를 설레게 하는 선악의 대결 구도가 우주적인 규모로 확장되어 나타나기도 한다. 『반지의 제왕』(*The Lord of the Rings*)에서 중간계의 영웅들(간달프, 프로도와 그 일행)이 어둠의 군주 사우론과 벌이는 지난한 대결은 반세기가 지난 오늘날에도 독자와 관객의 마음을 사로잡고 있다. 더 많은 바깥 세계의 악당들이 존재할수록, 더욱 극적인 승리가 보장된다.

또 다른 차원에서 말하자면, 사람들은 다른 세계에 매료되는 경향이 있다. 이는 전도서가 증언하듯이, 하나님이 "사람들에게 영원을 사모하는 마음"을 주셨기 때문이다(전 3:11). 우리는 평범한 현실 속에 살면서 인간 경험 너머의 무언가 신적인 것을 갈망한다. 사도 바울 역시 이런 갈망에 대해 기록한 적이 있다. 바울은 이런 갈망이 하나님이 창조하신 세계에서 살아가는 것 자체에 기인한다고 가르친다. 창조 세계는 창조주에 대해 증언하고 있으며, 그래서 우리가 살아가는 세계 너머의 영역에 대해서도 증언하기 때문이다(롬 1:18-23). 사실 바울은 이런 충동이 매우 강력해서 일부러 억제해야 한다고 말하기도 했다.

하지만 우리는 책, 영화, 전설 등에 등장하는 초자연적인 이야기들을 감상하는 것과 같은 방식으로 성경의 거대한 서사를 받아들이진 못하는 것 같다. 몇 가지 이유가 있다. 이런 현상은 단지 성경에 특수 효과가 부족해서만은 아니다. 어떤 이들이 받아들이기엔 성경의 인물들이 너무 평범하거나 옛스럽다. 그들은 다이내믹하지 않으며 그다지 영웅스럽지도 않다. 결국 성경은 우리가 주일학교 시절부터 늘상 들어왔던 똑같은 사람들에 대한 따분한 이야기일 뿐이다. 그리고 성경과 현시대와의 문화 장벽도 존재한다. 교회에서 공연하는 성탄극에 등장하는 배역들을 보면서 고대의 목자들과 가운을 두른 사람들의 끝없는 행렬 같은 장면을 실감나게 떠올리기란 좀처럼 어렵다.

하지만 나는 우리의 상상력이 (성경보다) 공상과학 소설이나 초자연적 판타지에 쉽게 사로잡히는 주된 요인은 따로 있다고 본다. 성경에 담겨 있는 "보이지 않는 세계"를 특정한 관점에서만 생각하도록 가르쳐온 방식 탓이다. 내가 수년 동안 교회에서 들어왔던 가르침은 단순히 성경의 초자연적 세계를 파악할 기회를 놓치는 것을 넘어 그것을 매우 지루한 것으로 만들어버린다. 더 심각한 문제는 교회의 가르침이 "보이지 않는 초자연적 세계"를 없는 것처럼 만들어, 결국은 그 가르침조차 힘을 잃는다는 데 있다.

게다가 그리스도인들이 보이지 않는 세계에 대해 상상하는 것들은 대부분 사실과도 다르다. 가령, 천사들(Angels)에겐 날개가 없다. (여기서 그룹[Cherubim]은 예외인데, 왜냐하면 그들은 결코 천사들이라 불린 적이 없고 그렇다고 동물적인 존재도 아니기 때문이다. 천사들은 항상 인간의 모습으로 나타난다.) 귀신들(demons)은 머리에 뿔이 달리지 않았고 꼬리도 없으며, 우리로 하여금 죄를 짓게 만들려고 여기에 있는 것도 아니다(죄는 우리 스스로 짓는다). 성경은 귀신 들린 사람을 끔찍하게 묘사하는 반면, 지적 능력을 갖춘 또다른 악한 존재들은 단지 그 권세에 사로잡힌 사람들을 부리는 것 이상의 끔찍한 일을 벌인다. 그런데 성경에서 천사와 귀신은 조연에 지나지 않는다. 상황이 이러니, 교회는 (천사와 귀신이 아닌) 비중 있는 다른 초자연적 등장인물들과 그들의 역할을 전혀 간파하지 못하는 것처럼 보인다.

신들은 실제로 존재한다

1장에서는 당신에게 정말로 성경이 말하는 바를 믿느냐고 물었다. 쪽지 시험을 봤다고 생각하라.

성경은 하나님에게 실행위원회가 있다고 말한다. 하나님은 그 실행위원회에 신적 존재들을 참여시켜 하나님이 결정하신 바를 수행하게 하신다. 성경은 이를 하나님의 총회, 회의, 궁정이라 부른다(시 89:5-7; 단 7:10). 이 주제를 가장 명확하게 이야기하는 본문이 시편 82:1이다. GNT(Good News Translation)가 이 구절을 잘 번역해놓았다. "하나님은 천상회의를 주재하시며, 신들의 총회 가운데서 자신이 결정한 바를 전달하신다."

생각해보면 아주 놀라운 구절이다! 정말로 이 구절을 처음 봤을 때 나는 적잖이 혼란스러웠다. 하지만 이 구절의 의미는 말 그대로 분명하고 단순하다. 다른 본문과 마찬가지로, 시편 82:1도 성경 나머지에 드러난 문맥에 비추어 해석해야 한다. 이 구절은, 신들(the gods)에 대해 무언가를 말하고 있고, 그 단어가 어떻게 정의되어야 하는지에 대해서도 말하고 있다.

"신들"로 번역된 히브리어 원문의 단어는 엘로힘(*elohim*)

이다. 우리는 아주 오랫동안 엘로힘을 하나의 단일한 의미, 즉 성부 하나님의 이름 중 하나로 이해해왔다. 그렇다 보니 그것이 지닌 폭넓은 의미에 대해 탐구할 여지를 좀처럼 갖지 못했다. 하지만 엘로힘은 보이지 않는 영적 세계에 존재하는 모든 거주민을 가리키는 용어다. 이 단어가 사용된 성경의 다른 본문들을 확인해보면 알 수 있다. 성경에서 엘로힘은 하나님 자신을 가리킬 때도 있고(창 1:1), 귀신들을 가리킬 때도 있으며(신 32:17), 사후 세계에 거주하는 죽은 사람들(삼상 28:13)을 가리키기도 한다. 성경에서는 영적 세계를 주요 활동무대로 하면서 육체를 지니지 않은 모든 존재를 엘로힘이라 부른다.

이 히브리어 단어는 오직 하나님만이 지니고 계신 고유한 능력들을 지칭하지 않는다. 성경은 하나님과 다른 신들을 구분할 때 다른 방법으로 하지, 엘로힘이란 단어를 사용하지 않는다. 예를 들면, 성경은 신들에게 하나님을 경배하라고 명령한다(시 29:1). 하나님은 신들의 창조주시며 왕이시다(시 95:3; 148:1-5). 시편 89:6-7의 GNT 번역은 이렇게 말한다. "하늘에서 여호와 당신과 같

> **Supernatural**
>
> "거룩한 자들의 모임"에 속한 자들은 실재한다.

은 분은 없습니다. 하늘의 어떤 존재들도 당신과 비길 수 없습니다"(왕상 8:23; 시 97:9). "당신은 거룩한 자들의 모임 가운데 두려워할 이십니다"(시 89:7). 성경 저자들은 이스라엘의 하나님에게 비길 자가 없다는 사실을, "신들 중의 신"이란 직설적인 표현으로 선포한다(신 10:17; 시 136:2).

"거룩한 자들의 모임"(council of the holy ones)에 속한 자들은 실제로 존재한다. 이 책 1장에서는 하나님이 아합 왕을 제거할 구체적인 방법을 정하기 위해 자신의 천군과 회의하시는 장면을 묘사한 본문을 인용했다. 그 본문에선 이 천상회의에 속한 구성원들을 영들(spirits)이라 부른다. 만일 영적인 세계가 실재할 뿐 아니라 하나님 및 하나님이 창조하신 다른 영적 존재들(가령 천사들)이 실제로 그곳에 거주한다고 믿는다면, (내가 위에서 인용한 구절들과 수많은 다른 구절들이 묘사하는 것처럼) 우리는 초자연적인 존재들로 구성된 하나님의 실행위원회가 실재한다는 점도 받아들여야 한다. 그렇지 않으면 영적인 실체들에 대해 내내 입에 발린 말을 하게 될 것이다.

성경이 이 천상회의의 일원들을 "영들"이라고 말하는 걸 보면, 그 "신들"이 단순히 돌이나 나무로 만들어진 우상이 아니라는 점을 알게 된다. 조각상은 천상회의에서 하나님을 위해 일할 수 없다. 물론 여호와와 경쟁 관계에 있는 신들을 숭배하던 고대 세계의 사람들이 각종 재료로 우상을 만든 것은 사실이다. 하지만 그들은 자신들의 손으로 만든 우상 자체에 실제로 능력이 있는 것이 아님을 알았다. 손으로 만든 우상은 단지 고대인들이 섬기는 신들이 거주지로 삼을 대상체였고, 추종자들은 신들을 불러내어 그 우상 안에 들어오기를 기원하는 의식을 치렀다. 그러면 신들이 우상 안에 들어와 살면서 거기서 희생제물을 받으며 추종자들에게 지식을 전달할 수 있었다.

천상회의의 구조와 경영

시편 82:1에 등장하는 신들은 6절에서 "지존자의 아들들"로 불린다. "하나님의 아들들"은 성경에 여러 번 등장하는데, 대개는 하나님이 임재하시는 장면에 함께 나온다(욥 1:6; 2:1). 욥기 38:7은 하나님이 땅을 조성하시고 인류를 창조하시기 전부터 "하나님의 아들들"이 존재했다고 말한다.

여기서 흥미로운 사실은, 하나님이 이 영적 존재들을 자신의 아들들로 부르신다는 점이다. 이 영적 존재들에 대해

"가족"(family)의 개념이 담긴 표현을 사용하는 것이 타당한 이유는 하나님이 그들을 창조하셨기 때문이다. 당신이 자녀를 아들딸이라고 부르는 이유도 그들이 창조되는 데 당신이 결정적으로 참여했기 때문인 것과 마찬가지다. 하지만 하나님은 영적 존재들의 아버지일 뿐 아니라 그들의 왕이기도 하시다. 고대 세계에서 왕들은 종종 자신의 확장된 가족 구성원들을 통해 나라를 다스렸다. 왕권은 (가족 구성원인) 상속자들에게 승계되었다. 그런 점에서 통치는 일종의 가족 사업이었다. 하나님은 자신이 주재하시는 통치기구(여기서는 천상회의)의 의장이 되신다. 그리고 하나님의 아들들은 하나님과 특별한 관계이기 때문에 하나님 다음으로 높은 지위를 갖는다. 하지만 무언가 문제가 발생했다. 하나님의 아들들 중 일부가 하나님에 대한 충성을 저버렸다. 이 책 전반에 걸쳐 우리는 이러한 내용을 살펴보게 될 것이다.

하나님의 아들들에게는 사안을 결정할 수 있는 권한이 주어졌다. 열왕기상 22장을 비롯한 많은 본문에서 우리가 알 수 있는 사실은 하나님의 경륜과 인간 역사가 긴밀하게 얽혀 있다는 것이다. 하나님은 악한 아합 왕을 죽이기로 결정하신 후에, 그를 죽일 방법에 관한 논의를 자신의 천상회의의 안건으로 상정하신다.

시편 82편과 열왕기상 22장에 나오는 천상회의가 우리 인간의 일에 관여하는 유일한 사례는 아니다. 천상회의는 때로는 제국의 운명을 결정짓기도 했다.

다니엘 4장에서 하나님은 바벨론 왕 느부갓네살을 심판하셔서 그를 잠시 미친 사람이 되게 하신다. 이 형벌은 "지극히 높으신 이가 명령하신 것"(단 4:24)일 뿐 아니라, "순찰자들의 명령"(단 4:17)으로 이루어진다. 순찰자들(Watchers)은 하나님의 천상회의에 속한 신적 존재들을 가리키는 단어다. 이 단어만 보더라도 신적 존재들이 인간사를 얼마나 주시하고(watchful) 있는지 알 수 있다. 순찰자들은 결코 졸지 않는다.

이처럼 성경의 천상회의 장면들은 하나님의 회의 기구에 속한 일원들이 하나님의 통치에 참여하고 있음을 드러낸다. 적어도 몇몇 사례에서, 하나님은 자신이 뜻하신 바를 공표하시면서도 정작 그 뜻을 시행할 구체적인 방법은 자신의 초자연적인 대행자들이 결정하도록 권한을 위임하신다.

천사들도 하나님의 천상회의에 참여한다. 구약과 신약 원문에서 천사로(개역개정에선 주로 "사자"로) 번역되는 단어들은 사실 메신저를 의미한다. 천사라는 단어는 기본적으로 직무를 가리킨다. 즉 천사들은 메시지를 전달하는 일을 수행한다. 천사들과 그들의 직무에 대해서는 천상회의의 다른 구성원들의 임무와 더불어 나중에 더 살펴볼 예정이다.

이것이 왜 중요한가

여기까지 읽은 이 책의 모든 내용에 대한 당신의 반응은 아마도 이런 식일 것이다. "정말 흥미로운 걸. 이제까지는 성경을 읽으면서도 이런 내용을 접해본 적이 없어. 하지만 이 모든 정보들이 지금 나의 삶과 교회 생활에 어떤 의미가 있다는 거지?" 이에 대한 나의 대답은 다음과 같다. 이 책에서 제공하는 진리들은 하나님이 어떤 분이신지에 대한 우리의 이해와 깊이 연결되며, 그뿐 아니라 우리가 하나님과 어떤 관계인지, 이땅에서 우리 삶의 목적이 무엇인지에 대해 매우 중대한 시사점을 제공한다는 것이다. 우리는 그 진리들이 어떤 실천적인 의미를 담고 있는지를 각 장의 마지막 단락에서 다룰 예정이다.

이번 장에서 우리는 성경이 하나님의 우주적 회의 기구를 어떻게 묘사하는지 살펴보았다. 그러한 서술이 하나님에 대해, 궁극적으로는 하나님과 우리의 관계에 대해 어떤 통찰을 제공하는지를 짚어보자.

첫째, 하나님이 천상에서 자신의 하늘 가족과 함께하시는 경영은 하나님이 자신의 지상 가족과 어떻게 관계하시는지에 대한 일종의 본보기다. 다음 장에서 자세히 다루겠지만 여기서 한 가지만 말해두겠다. 아마도 당신은 "하나님에게 굳이 회의 기구가 필요하실까" 하는 의문을 품었을지 모른다. 하나님은 어떤 일에서든지 누군가의 도움을 필요로 하는 분일 리가 없다. 설령 그것이 영적 세계의 일일지라도 말이다. 왜냐하면 그분은 하나님이시기 때문이다! 하지만 성경은 하나님이 어떤 일을 이루기 위해 자신보다 하등한(lesser) 존재들을 사용하신다고 분명히 말한다.

> **Supernatural**
>
> 이 책에서 제공하는 진리들은 하나님이 어떤 분이신지에 대한 우리의 이해와 깊이 연결되며, 그뿐 아니라 우리가 하나님과 어떤 관계인지, 이땅에서 우리 삶의 목적이 무엇인지에 대해 매우 중대한 시사점을 제공한다.

하나님은 신적 존재들의 회의 기구를 필요로 하지 않으시지만, 그것을 사용하기로 결정하셨다. 마찬가지로 하나님은 우리를 필요로 하지 않으신다. 만일 하나님이 원하신다면, 복음이 필요한 모든 사람에게 그냥 직접 말씀하실 수도 있고, 모두가 하나님께로 돌아서도록 사람들의 마음을 움직이실 수도 있다. 그리고 그런 방식에 만족하셔서 모든 것이 좋다고 말씀하실 수도 있다. 하나님은 사람들의 머릿속에 자신의 음성을 들려주셔서 이웃을 사랑하도록 설득하실 수도 있다. 그러나 하나님은 그렇게 하지 않으신다. 그 대신 하나님은 어떤 일이든 당신과 나 같은 사람들을 사용하셔서 그 일을 이루신다.

둘째, 하나님은 자신이 뜻하신 대로 만사가 굴러가도록 모든 사건의 처음부터 끝까지를 미리 정하실 수도 있다. 그러나 하나님은 그렇게 하지 않으신다. 아합 왕의 이야기에서 보듯이, 하나님은 자신의 뜻을 어떻게 실현할지를 놓고 천상의 신하들이 결정하게 하신다. 달리 말해서, 하나님은 그들로 하여금 자유의지를 사용하게 하신다. 이 사실은 하나님이 모든 것을 미리 작정하지는 않으심을 우리에게 말해준다. 그리고 이 진리는 보이지 않는 세계뿐 아니라 우리가 살아가는 세계에도 적용된다.

성경이 말하는 보이지 않는 세계에는 구조화된 질서가 있다. 하나님은 최고 경영자시다. 하나님을 위해 일하는 자들은 하나님의 가족이다. 그들은 하나님의 통치에 참여하며 보이지 않는 세계의 운영 방식에 개입한다.

놀라운 사실은 성경이 인류에 대해서도 같은 방식으로 이야기한다는 점이다. 태초의 에덴에서, 하나님은 인류를 창조하시고 자신과 함께 이 땅을 다스리게 하셨다. 하나님은 아담과 하와에게 말씀하셨다. "자녀를 많이 낳아서, 너희 후손들이 온 땅에 살게 되고, 그들이 세상을 통치하게 하라"(창 1:28 GNT). 아담과 하와는 하나님의 자녀 곧 하나님의 지상 가족이었다. 하나님은 그들과 함께 살기 원하셨고, 온 세계를 에덴처럼 만드는 일에 그들을 참여시키셨다.

대개 독자들은 이 개념에 익숙하다. 하지만 에덴에서 아담과 하와만이 하나님의 가족에 속했던 것은 분명 아니다. 그곳에는 하나님의 신적인 가족도 있었다. 에덴은 하나님의 처소일 뿐 아니라 하나님의 가족이 거하는 곳이었다. 우리는 천국이란 곳이 우리가 장차 하나님과 그분의 천사들, 즉 하나님의 신적인 가족과 함께 살게 될 곳이라고 생각한다. 그것이 바로 천국이 애초에 의도된 바이며, 실제로도 그렇게 될 것이다. 새로우면서도 전지구적인 에덴이 하늘에서 땅으로 내려오는 것으로 성경이 끝나는 것은 결코 우연이 아니다(계 21-22장).

우리는 우리에게 예비된 운명을 이해하기 위해 하나님의 하늘 가족과 지상 가족이 한 공간에 머무르던 때로 돌아가야만 한다. 그곳은 에덴 동산이다.

3.
한때 왕이었고,
장차 왕이 될 사람들

우리는 먼저 하나님의 천상회의에 대해 간략히 살펴보았다. 천상회의는 하나님의 보이지 않는 가족이자 실행위원회다. 그밖의 다른 것들도 살펴봐야 하는데, 특히 예수님과 사탄 같은 주요 등장인물이 성경의 큰 그림에서 어떤 역할을 맡았는지 하는 내용이다. 하지만 보이지 않는 세계로 들어가기 전에, 우리 인간에 대해 새롭게 돌아볼 필요가 있다. 자신의 회의 기구를 통해 "보이지 않는 세계"를 통치하시는 하나님의 방식을 볼 때, 우리는 이 땅에 대한 하나님의 통치(즉 하나님 나라의 통치)가 어떤 방식이었을지도 짐작할 수 있다. 그 통치는 창세기의 에덴 동산에서 시작된다.

에덴, 하나님의 집무실

"에덴 동산"이란 말을 들으면 가장 먼저 무엇이 떠오르는가? 내가 이 질문을 던질 때 사람들은 대부분 아담과 하와를 생각한다. 에덴은 그들의 집이었다. 하나님이 그들을 에덴에 두셨다(창 2:15-25).

하지만 에덴은 하나님의 집이기도 했다. 에스겔은 에덴을 "하나님의 동산"이라 부른다(겔 28:13; 31:8-9). 이는 그리 놀랄 만한 표현이 아니다. 아마도 더 놀라운 사실은 에스겔이 에덴을 "하나님의 동산"이라 부를 뿐 아니라 바로 이어서 그곳을 "하나님의 성산"(겔 28:14)이라 부른다는 점이다. 많은 고대 종교에서는 울창한 동산과 사람들이 좀처럼 접근하기 힘든 높은 산들을 신들의 거주지로 여겼다. 성경에서도 에덴을 이런 동산과 산의 이미지로 묘사한다. 에덴은 하나님의 집이었고, 따라서 하나님은 이곳에서 일을 처리하셨다. 이곳은 그분의 본부이자 집무실이었다.

그리고 하나님이 임재하시는 곳에는 하나님의 회의 기구가 함께했다.

하나님의 형상 담지자

성경에서 가장 중요한 본문 중 하나는 하나님이 그분의 회의 기구와 더불어 에덴에 계셨다는 사실을 귀띔해준다. 창세기 1:26에서 하나님은 이렇게 말씀하신다. "우리의 형상을 따라 우리가 사람을 만들자." 하나님은 자신의 취지를 일단의 무리에게 공표하신다. 하나님이 누구에게 말씀하시는 걸까? 바로 천군, 즉 하나님의 천상회의다.

하나님은 삼위일체의 다른 일원들에게 말씀하고 계신 것이 아니다. 하나님이 아시는 일을 삼위일체의 다른 일원들이 모를 리가 없기 때문이다. 이 장면에서는 하나님이 공표하시는 내용, 즉 하나님이 이미 결정하신 바를 일단의 무리가 뒤늦게 알게 된다.

이 장면은 이해하기 쉽다. 마치 내가 친구들에게 "우리, 피자 먹자!"라고 말하는 것과 같다. 이렇게 하자! 충분히 명쾌하지 않은가. 하지만 우리가 놓쳐선 안 될 것이 또 하나 있다. 즉 하나님은 자신이 결정하신 바를 실행하실 때 그 일단의 무리를 참여시키지 않으신다.

여기서는 우리가 앞서 살펴봤던 천상회의 장면과 일이 다르게 진행된다. 즉 (사람을 창조하실 때) 천상회의의 일원들은 하나님의 의사 결정에 참여하지 않는다. 그다음 구절은 인류가 창조될 때 오직 하나님만 창조의 일을 수행하셨다고 기록한다(창 1:27). 인류를 창조할 때만큼은 하나님이 직접 주도하신다. 앞에서 말한 피자의 비유로 다시 돌아가보자. 만일 내가 피자를 사 먹자고 말한 후에 곧바로 모두를 피자 가게로 데리고 가서 음식값을 지불한다면, 그것은 나 혼자서 이 모든 일을 실행하는 것이나 다름없다. 이것이 바로 이 본문이 말하는 방식이다.

하나님만이 홀로 인류를 창조하실 것이란 점은 이치에 맞는 말이다. 하나님의 천상회의에 속한 신적 존재들에겐 그럴 만한 능력이 없다. 하지만 이 사실은 또 다른 특이점을 낳는다. 창세기 1:27에 따르면, 인간은 하나님의 형상으로 창조되었다. LEB 번역에는 "하나님이 자기의 형상대로(his image) 사람을 창조하시고"라고 되어 있다. 도대체 무슨 일이 있었길래 26절의 "우리의 형상"이 "자기의 형상"으로 바뀐 것일까?

사실 아무 일도 일어나지 않았다. 창세기 1:26-27에서 "우리의 형상"이란 표현이 "자기의 형상"으로 바뀐 것은 한 가지 흥미로운 사실을 알려준다. "우리의 형상을 따라 … 우리가 사람을 만들고"라는 하나님의 진술은 하나님과 하나님의 말씀을 듣는 자들 사이에 어떤 공통점이 있음을 의미한다. 그 공통점이 무엇이든지 간에, 하나님이 인간을 창조하신 이상 인간도 그 점을 공유하게 될 것이다. 즉 우리는 어떤 식으로든 하나님과 닮아 있을 뿐 아니라 천상회의에 속한 신적 존재들과도 닮아 있다.

성경은 그 공통점을 "하나님의 형상"이란 표현으로 전달한다. 창세기 1:26을 더 잘 번역한다면 다음과 같을 것이다. "하나님이 사람을 자신의 형상으로서(as) 창조하셨다." 사람이 된다는 것은 하나님을 형상화하는 존재, 즉 형상 담지자가 되는 것이다. 말하자면, 신분상 우리는 하나님을 대표하는 자들이다.

하나님의 형상은 하나님이 우리에게 주신 지력과 같은 어떤 능력이 아니다. 우리는 능력을 잃어버릴 수 있다. 하지만 그럴지라도 하나님을 형상화하는 존재라는 신분은 잃어버리지 않는다. 그 신분을 잃어버린다는 것은 사람이기를 포기하는 것이나 다름없다. 인간은 누구나 잉태된 순간부터 무덤까지 항상 사람이며 하나님을 형상화하는 존재다. 그렇기 때문에 인간의 생명은 신성하다.

> **Supernatural**
>
> 인간은 누구나 잉태된 순간부터 무덤까지 항상 사람이며 항상 하나님을 형상화하는 존재다. 그렇기 때문에 인간의 생명은 신성하다.

그렇다면 우리는 어떻게 하나님을 대표하는 것일까? 우리는 이미 앞에서 하나님이 자신의 보이지 않는 실행위원회의 신적 존재들에게 자신의 권한을 나눠주신다는 점을 살펴보았다. 하나님은 이 땅의 인간에게도 이와 같이 하신다. 하나님은 보이는 것들과 보이지 않는 모든 만물 위에 계신 왕으로서 다스리신다. 하나님은 영적 세계와 인간 세계에 속한 자신의 가족들과 더불어 그 통치권을 공유하신다. 우리는 이 땅에 살면서 하나님의 계획에 동참한다. 하나님의 계획은 그분이 뜻하신 대로 인류가 이 세상을 다스리고 그분과 함께 이 세상을 누리는 것이다.

하나님은 우리가 그 일을 어떻게 감당해야 하는지도 보여주셨다. 예수님은 하나님을 대표하는 일의 궁극적인 모범이시다. 예수님은 보이지 않는 하나님의 형상(골 1:15), 그리고 하나님의 본체의 형상으로 불린다(히 1:3). 바로 그런 이유로 우리는 예수님을 본받아야 한다(롬 8:29; 고후 3:18).

두 회의 기구, 한 운명

이쯤에서 당신은 대강 알아챘을 것이다. 즉 천상회의처럼, 인간은 기본적으로 지상에 있는 하나님의 집행부 즉, 하나님의 회의 기구라는 사실이다. 우리는 (천상회의의 일원들이 그렇듯이) 하나님의 임재 안에서 살아가도록 지음 받았다. 하나님을 즐거워하고 그분을 영원토록 섬기도록 지음 받았다. 원래대로라면, 그 일이 이 땅에서도 일어나야 했다. 에덴은 하늘과 땅이 교차하는 지점이었다. 하나님과 그분의 천상회의의 일원들이 함께였듯이, 인류도 그래야 했다.

하지만 무엇을 위해서일까?

하나님이 아담과 하와에게 말씀하셨다. "생육하고 번성하여 땅에 충만하라 땅을 정복하라 … 땅에 움직이는 모든 생물을 다스리라"(창 1:28). 이것이 바로 하나님의 형상 담지자들에게 주어진 임무다. 인류는 피조 세계 위에 세워진 청지기이자 왕으로서 하나님을 섬겨야 했다. 인류는 자신들에게 주어진 바, 세상 곳곳에 흩어져서 에덴을 전지구적으로 확장하는 것, 즉 하나님 나라를 성장시켜야 했다. 그 일은 아담과 하와 두 사람이 감당하기엔 너무 큰일이었기 때문에 하나님은 그들이 자녀를 낳기 원하셨다.

우리가 알듯이, 아담과 하와와 그의 후손들은 실패했다. 인류는 범죄를 저질렀다. 만일 그 일이 일어나지 않았다면 온 세상은 에덴이 되었을 것이다. 우리도 그 완전한 행성에서 영원한 삶을 누리면서, 하나님 및 영적인 가족과 함께했을 것이다.

하나님은 인류를 사랑하셨기에 아담과 하와를 용서하셨다. 하지만 그날 이후로 모든 인류는 아담과 하와의 발자취를 따를 수밖에 없는 운명에 처했다. 우리는 불멸성을 잃어버리고, 하나님의 간섭하심이 없다면 죽어 마땅한 존재가 되었다(롬 6:23). 우리는 죄인이다. 우리에겐 구원이 필요하다.

하나님이 우리가 그분의 신적인 가족에 합류하여 회의 기구의 일원이 되고 그분의 임재 안에서 살기 원하신다는 사상은, 성경이 말하는 몇 가지 놀라운 진리를 우리가 이해할 수 있도록 돕는다.

이러한 사상은 성경이 우리 신자들을 "하나님의 아들들" 또는 "하나님의 자녀"(요 1:12; 11:52; 갈 3:26; 요일 3:1-3), 하나님의 가족으로 "입양된" 존재(갈 4:5-6; 롬 8:14-16), 하나님과 그 나라의 "상속자"(갈 4:7; 딛 3:7; 약 2:5)이자 "신성한 성품에 참여하는 자"(벧후 1:4; 참조. 요일 3:4)라 말하고, 예수님이 다시 오실 때 약속하시기를 우리로 하여금 "하나님의 낙원에 있는 생명나무의 열매를 먹게 하고"(계 2:7) 예수님 자신과 더불어 그분의 보좌에 앉혀(계 3:21) 만국을 다스리게 하겠다고 약속하신 이유를 설명해준다(계 2:26-28). 우리는 이런 삶을 통해 에덴으로 돌아간다. 또 다시 천국이 이 땅에 임할 것이다.

새롭고도 전지구적인 에덴에서 다스리는 것, 바로 이것이 우리가 내세에서 하게 될 일이다. 우리는 본래 아담과 하와에게 의도되었던 그 열매들을 만끽하게 될 것이다. 영생은 온종일 기타를 치며 흥얼거리는 것 따위가 아니다. 영생은 오히려 하나님 자신과 부활하신 예수님, 그리고 인류와 초자연적 존재들을 포함한 하나님의 형상을 지닌 모든 가족이 완전한 창조 세계에서 감히 상상할 수 없는 풍성함을 함께 발견하고 누리는 것이다.

이것이 왜 중요한가

물론 그래 보이지 않을 수도 있지만, 이것으로부터 삶을 변화시키는 많은 생각들이 발현된다. 만일 우리의 삶이 하나님을 드러내고 그분의 계획을 반영한다는 사실을 의식하며 살아간다면 (비록 아직은 그 계획을 잘 모른다 해도) 일상을 살아가는 우리의 태도에 큰 변화가 일어날 것이다.

하나님의 원래 목적은 세상 전부를 에덴처럼 만드는 것이었다. 하나님은 에덴에서처럼 온 세상에 대한 자신의 선한 통치를 확장시키는 일에 인류가 참여하기를 원하셨다. 하나님은 아담과 하와에게 자녀를 낳고 창조 세계의 주인이자 청지기가 되라고 말씀하셨다(창 1:26-28). 그 명령은 인류의 타락 이후에도 취소되지 않았고, 끔찍한 홍수 사건 이후에도 되풀이되었다(창 8:17; 9:1). 에덴은 잃어버린 바 되었으나 하나님은 이를 회복하기로 작정하셨다. 궁극적으로 하나님의 통치, 즉 하나님 나라는 예수님이 재림하시고 하나님이 새 하늘과 새 땅을 창조하실 때 온전히 회복될 것이다(계 21-22장의 새 하늘과 새 땅은 에덴과 무척 닮아 있다). 그 사이에 우리는 하나님의 진리와 예수님의 복음을 곳곳에 전파할 수 있다. 또한 우리는 모든 장소에서 우리가 만나는 모든 사람에게 하나님을 대표할 수 있다. 우리는 예수님이 그 계획을 완성하실 날을 고대하면서, 지금 여기서 에덴 회복을 위한 하나님의 대행자로 살아간다.

우리 자신을 하나님의 대행자, 즉 하나님의 형상 담지자로 여기는 일은 우리가 내리는 결정이 중요하다는 것을 의미한다. 더 이상 죄로 잃어버린 바 된 자가 아닌 그리스도인들은 성령의 도우심을 힘입어 하나님의 계획을 성취할 수 있다. 우리가 이곳에 있는 이유는 하나님과 함께하는 삶의 유익을 전하고, 복음이 필요한 자들에게 어떻게 하면 그들도 그 유익을 함께 누릴 수 있는지를 말하기 위함이다. 우리는 일생토록 수많은 사람들과 교류한다. 이러한 만남을 통한 사람들의 기억은 잔물결처럼 퍼져나가 그들의 인생, 그리고 그들이 접촉하는 모든 사람에게까지 영향을 미친다. 우리는 사람들에게 하나님과 함께하는 인생을 보여줄 수도 있고, 하나님 없이 사는 인생을 보여줄 수도 있다. 그 중간지대란 없다.

> **Supernatural**
>
> 인종 차별은 하나님의 세계에서 설 자리가 없다. 불의는 하나님을 대표하는 일과 양립할 수 없다. 집이나 회사나 정부에서 행해지는 권력의 남용은 불경건한 것이다. 하나님은 에덴에 있던 자신의 자녀들을 이런 식으로 대우하지 않으셨고, 그러므로 우리도 하나님의 형상 담지자인 동료들을 그렇게 대해서는 안 된다.

모든 사람이 하나님의 형상 담지자라는 지식은 우리로 하여금 인간의 삶을 그 자체로 신성하게 여기도록 종용한다. 이것은 삶과 죽음을 다루는 중대한 윤리적 결정 너머로 확장되어, 우리가 서로를 이해하고 타인과 관계하는 대부분의 방식들에 영향을 미친다. 인종 차별은 하나님의 세계에서 설 자리가 없다. 불의는 하나님을 대표하는 일과 양립할 수 없다. 집이나 회사나 정부에서 행해지는 권력의 남용은 불경건한 것이다. 하나님은 에덴에 있던 자신의 자녀들을 결코 그런 식으로 대우하지 않으셨고, 그러므로 우리도 하나님의 형상 담지자인 동료들을 그렇게 대해서는 안 된다.

마지막으로, 우리가 하나님의 형상 담지자로서 하나님을 대표한다는 사실은 그분을 영화롭게 하는 모든 직업이 신령한 소명이 될 수 있음을 의미한다. 합법적인 모든 일은 우리의 세상을 에덴으로 만들고 (하나님의 형상 담지자인) 동료들을 축복하는 것의 일환이 될 수 있다. 하나님은 우리의 직업이 무엇이냐에 따라 좀더 거룩하거나 특별한 것으로 간주하지 않으신다. 오히려 하나님은 우리가 부르심 받은 자리에서 어떻게 하나님을 드러내느냐에 관심을 두신다. 우리는 어둠에 맞서면서, 하나님이 모든 사람을 위해 궁극적으로 체험했으면 하는 삶을 공유할 수 있다. 그 일이 화려할 필요는 없다. 주어진 자리에서 그 일을 행하면 된다.

에덴에서 하나님이 기대하셨던 바가 화려했기에, 그 만큼 처참하게 그 기대가 무너졌다. 오직 하나님만 완전하시다. (비록 신적 존재라 해도) 불완전한 존재들의 손에 있는 자유의지는 비극적 결과를 초래할 수 있다.

4. 신적인 반역

나는 앞 장을 갈무리하면서 불완전한 존재들, 즉 신적 존재나 인간의 손에 쥐어진 자유의지는 비극적 결과를 초래할 수 있다고 말했다. 점잖게 말해서 이 정도다. 이전 장들에서 거론된 재앙들, 즉 인간과 초자연적인 존재들 모두가 관련된 비극적인 사건들이 이 점을 증명한다.

하나님이 자신의 통치권을 초자연적 영역에 있는 신적 존재들 및 이 땅의 인류와 공유하기로 결정하셨음을 기억하라. 바로 이런 배경에서 하나님은 "우리의 형상대로 우리가 사람을 만들자"(창 1:26)라고 말씀하신 후에, 자기의 형상으로 사람을 창조하셨다. 영적인 존재들과 인간은 하나님의 형상 담지자들이다. 우리는 하나님의 통치권을 공유하면서 공동 통치자로서 하나님을 대표한다.

한편으로 그것은 굉장히 멋진 결정이었다. 자유의지는 하나님을 닮은 존재에게만 주어진 것이다. 만일 우리에게 자유의지가 없다면 하나님을 닮았다 말할 수 없고, 사랑과 자기희생과 같은 개념도 있을 수 없다. 우리가 단지 "사랑"이라는 프로그램이 설치된 존재에 불과하다면, 거기에는 의사결정이란 게 들어설 여지가 없다. 그것은 진정한 사랑이라 말할 수 없다. 각본대로 말하고 행동하는 것은 진정한 사랑이 아니다. 이것을 생각하면 나는 오리지널 스타워즈 3부작의 완결편인 『제다이의 귀환』(*The Return of Jedi*)이 떠오른다. 오비완 케노비의 영이 루크에게 이렇게 말한다. "이제 너의 아버지 다스 베이더는 인간이라기보다 기계에 가깝다." 하지만 이야기의 결말을 보면 전혀 다른 진실이 확인된다. 다스 베이더는 자기 목숨을 희생하고 황제로부터 루크를 구해낸다. 그는 단지 프로그램화된 기계가 아니었다. 다스 베이더의 결정은 자신의 마음에서부터, 즉 자신의 인간성과 자유의지에서 나온 것이었다.

하지만 하나님의 결정에는 어두운 면이 있다. 하나님이 지적 능력을 지닌 존재에게 자유를 부여하신다는 것은 그들이 잘못된 결정을 내리거나 고의로 반역을 일으킬 수도 있고 또 그렇게 할 것임을 의미했다. 하나님 외에는 참으로 완전한 존재가 없기 때문에 이런 결과는 명약관화한 일이었다. 하나님 한 분만이 자기 자신을 신뢰할 수 있다. 그래서 에덴에서의 일이 잘못될 수 있었고, 결국 그렇게 되고 말았다.

낙원에서 발생한 문제

에덴의 상황을 생각해보자. 거기엔 아담과 하와만 있었던 것이 아니라 하나님도 자신의 회의 기구와 함께 계셨다. 에덴은 신적 존재들과 사람들이 함께 머무르면서 지구의 나머지 영역을 "정복"하는, 즉 에덴에서의 삶을 지구 전체로 확장하기 위해 세워진 사령부였다(창 1:26-28). 하지만 하나님의 회의 기구에 속한 일원이 하나님의 계획에 불만을 품었다.

창세기 1장과 마찬가지로, 창세기 3장에는 에덴이 다른 신적 존재들의 거처이기도 했음을 암시하는 단서들이 있다. 아담과 하와가 범죄한 이후에 하나님은 이렇게 말씀하신다. "보라, 이 사람이 선악을 아는 일에 우리 중 하나같이 되었으니"(22절). 이 문구는 우리가 창세기 1:26(우리의 형상)에서 봤던 것과 같은 종류의 표지판이다.

우리는 창세기 3장의 주요 등장인물인 뱀(the Serpent)이 사실상 그냥 뱀(a snake)이 아니었음을 알고 있다. 실제로 그는 동물이 아니었다. 그래서 유리벽을 쳐서 동물원에 가둬둔다 한들 그것이 썩 도움이 될 것도 아니었을 테고, 그도 별로 좋아하지 않았을 것이다. 그는 신적 존재였다. 요한계시록 12:9은 그를 마귀, 즉 사탄과 동일시한다.

일부 그리스도인들은 요한계시록 12:7-12을 근거로 창조 이후 얼마 지나지 않아 천사들의 반역이 있었다고 추정한다.

> 하늘에 전쟁이 있으니 미가엘과 그의 사자들이 용과 더불어 싸울새 용과 그의 사자들도 싸우나 이기지 못하여 다시 하늘에서 그들이 있을 곳을 얻지 못한지라. 큰 용이 내쫓기니 옛 뱀 곧 마귀라고도 하고 사탄이라고도 하며 온 천하를 꾀는 자라. 그가 땅으로 내쫓기니 그의 사자들도 그와 함께 내쫓기니라(계 12:7-9).

하지만 하늘의 전쟁에 대한 묘사에는 메시아의 탄생과 관련된 내용도 나온다(계 12:4-5, 10).

> 용이 해산하는 여자 앞에서 그가 해산하면 그 아이를 삼키고

자 하더니 여자가 아들을 낳으니 이는 장차 철장으로 만국을 다스릴 남자라. 그 아이를 하나님 앞과 그 보좌 앞으로 올려가더라. …

내가 또 들으니 하늘에 큰 음성이 있어 이르되,

이제 우리 하나님의 구원과 능력과 나라와
또 그의 그리스도의 권세가 나타났으니
우리 형제들을 참소하던 자
곧 우리 하나님 앞에서 밤낮 참소하던 자가 쫓겨났고.

성경은 에덴에서의 사건 이전에 하나님의 형상 담지자 중 누구도 (사람이든 신적 존재든) 하나님의 뜻을 대적하거나 반역을 도모했다는 어떤 암시도 하지 않는다. 창세기 3장에서 상황이 극적으로 전환되었다.

뱀(The Serpent)의 범죄는 그가 자의로 하나님의 권위를 부정한 사건이었다. 말하자면, 하나님은 아담과 하와가 하나님이 경영하시는 가족 사업에 참여하도록 결정하셨는데, 이 계획에 따르면 아담과 하와는 에덴을 온 세계로 확장시켜야 했다. 하지만 원수는 그들이 그 자리를 차지하길 원하지 않았다. 뱀은 자신을 하나님의 자리에 위치시켰다. 그는 마음 속으로 이렇게 중얼거렸다. "내가 하늘에 올라 하나님의 별들 위에 내 자리를 높이리라. 내가 신들의 산 위에 올라 통치하리라"(사 14:13 NLT).

뱀은 불경한 생각을 품었다. 뱀의 속임수로 아담과 하와가 죄를 지었고, 그 때문에 뱀은 하나님의 집에서 쫓겨나(겔 28:14-16) 땅으로 유배되었다. 성경의 언어를 빌리자면, 그는 "땅에 내동댕이쳐졌다"(사 14:12). 그 땅은 생명이 영원할 수 없는 곳, 즉 죽음이 지배하는 곳이 되었다. 뱀은 생명의 주가 되는 대신 사망의 군주가 되었고, 이는 우리의 큰 원수가 온 인류를 지배하게 되었음을 의미한다. 에덴의 범죄 사건 이후로 인류는 불멸성을 상실했기 때문이다. 이제 인류가 새 에덴에서 하나님과 더불어 영생을 누리기 위해서는 구원이 필요해졌다.

뱀의 추락은 저주의 일환이었다. 뱀에게 내려진 저주에는 약간의 예언이 내포되어 있다. 즉 하나님은 하와의 후손과 뱀의 후손이 서로 원수가 될 것이라 말씀하신다. "여호와 하나님이 뱀에게 이르시되 … 내가 너로 여자와 원수가 되게 하고 네 후손도 여자의 후손과 원수가 되게 하리니"(창 3:14-15). 하와의 후손이 누구일까? 인류다. 그렇다면 뱀의 후손은? 글쎄, 그것은 좀 추상적이다. 사도 요한은 자신의 복음서에서 예수님을 미워하던 유대 지도자들을 그 예로 언급한다. 예수님이 유대 지도자들에게 이렇게 말씀하신다. "너희는 너희 아비 마귀에게서 났으니"(요 8:44). 예수님은 자신을 배신한 유다를 일컬어서도 마귀라고 하셨다(요 6:70). 뱀이 그랬던 것처럼 하나님의 계획에 맞서는 어느 누구라도 뱀의 후손이 될 수 있다.

악한 후손

오래지 않아 더 많은 문제가 발생했다. 아담과 하와의 자녀 중 한 사람이 살인자가 되었다. 가인은 아벨을 죽였고, 이로써 자신이 "악한 자에게 속했음"(요일 3:12)을 드러냈다. 성경에 따르면 인구가 증가함에 따라 악도 세상에 가득하게 되었다(창 6:5).

그리고 또 다른 형태의 초자연적 타락이 발생했다. 물론 이 이야기는 주일 설교에서 잘 다뤄지지 않지만, 사실 이 사건은 온 세상에 악이 퍼지는 데 매우 큰 영향을 미쳤다. 이번에는 한 명의 반역으로 그치지 않았다. 악의 오염이 전 인류에게 퍼졌다는 창세기 6:5의 내용은 바로 앞에 놓인 창세기 6:1-4의 내용, 즉 하나님의 아들들이 지상에 네피림이라 불리는 자손들을 낳았다는 이야기와 연결된다.

창세기는 그밖에 무슨 일이 더 있었는지에 대해 침묵한다. 하지만 성경의 다른 곳에서는 특정 이야기가 부분적으로 언급되는데, 이 내용을 언급한 신약의 저자들은 성경 밖의 유대 전승에 대해 잘 알고 있었고 자신들의 저술에 그 유대 문헌을 인용한 바 있다.

예를 들어, 베드로와 유다는 홍수 이전에 범죄한 천사들에 대해 기록한다(벧후 2:4-6; 유 5-6절). 천사들에 대해 말한 일부 내용은 성경 밖에 있는 유대 전승에서 가져온 것이다. 베드로와 유다는 이 범죄에 가담한 하나님의 아들들이 종말의 때까지 땅 아래 투옥되었다고 (즉 하나님의 아들들이 지옥에서 시간을 보내고 있다) 말한다. 그들은 하나님이 단행하실 최후 심판의 대상이 될 것이며, 성경은 이날을 "여호와의 날"(주의 날)이라고 부른다.

성경학자들은 베드로와 유다가 인용한 자료를 잘 알고 있다. 그중 하나가 에녹1서라고 불리는 책이다. 에녹1서는 예수님 시대의 유대인과 초기 교회의 그리스도인들에게 잘 알려진 책이었지만 거룩하고 영감 받은 책으로 여겨지지는 않았다. 하지만 베드로와 유다는 그 내용 중 일부가 자신들의 편지에 포함되어야 할 만큼 중요하다고 판단했다.

이러한 자료들에서 추측할 수 있는 것은, 하나님의 아들들이 인류에게 신적인 지식을 제공함으로써 그들을 "돕기" 원했고, 이후에 탈선했으며, 자신들을 닮은 형상 담지자들을 창조함으로써 하나님을 모방하려 했다는 것이다. 또한 이 자료들은 귀신들(demons)의 기원에 대해서도 설명해준다. 귀신들은 홍수 이전에 그리고 홍수 중에 사망한 네피림의 죽은 영들이다. 그들은 사람들을 괴롭히고 또 다시 육체를 입기를 도모하면서 세상을 돌아다닌다. 창세기 이후의 성경에서도 창세기 6:1-4에 등장했던 네피림의 후손들이 "아낙 자손"(Anakim)과 "르바임"(Rephaim)으로 불린다(민 13:32-33; 신 2:10-11). 이 르바임의 일부는 죽은 자들이 거하는 지하 세계, 즉 뱀이 내동댕이쳐진 곳에서 그 모습을 드러낸다(사 14:9-11). 나중에 신약 저자들은 이곳을 지옥(hell)이라고 부른다.

이러한 사상은 초기 유대 저자들이 창세기 6:1-4이 불러온 위험에 대해 알고 있었음을 보여준다. 하나님의 아들들은 자신들만의 방식으로 (네피림을 낳음으로써) 신적 존재들과 사람이 공존하는 에덴을 재건하고자 했다. 그들은 최초의 원수가 그랬던 것처럼 세상이 어떻게 되어야 할지에 대해 자신들이 하나님보다 더 잘 알고 있다고 판단했다. 하나님의 통치를 회복하기 위한 그들의 대안은 결국 상황을 더 악화일로로 치닫게 했다.

창세기 6:1-4의 이야기는 (하나님께 고의적으로 반역한) 뱀의 후손을 떠올리게 하는 반향일 뿐 아니라 머지않아 일어날 비극의 서곡이기도 했다. 모세와 여호수아 시대에 이스라엘 백성이 약속의 땅을 정복하려 할 때 마주치게 될 대적자 중 일부는 곳곳에 흩어져 있는 거인족이었다(신 2-3장). 이 거인족은 다양한 이름으로 불린다. 민수기 13:32-33에서 그들은 아낙 자손으로 불린다. 더 구체적으로 말하자면, 그들은 네피림의 현존하는 자손으로 일컬어지는데, 네피림은 창세기 6:1-4에 나오는 하나님의 아들들의 후손을 말한다. 구약성경은 이스라엘이 다윗 시대에 이르기까지 이런 거대한 체구를 지닌 대적들과 싸우고 있었음을 우리에게 말해준다. 다윗은 골리앗을 제거했고(삼상 17장), 몇몇 다윗의 부하들이 이스라엘에 대한 위협을 종식시키기 위해 골리앗의 형제들을 죽였다(삼하 21:15-22).

이것이 왜 중요한가

뱀과 그 뒤에 등장하는 신적 범죄자들에 대한 예언에 가까운 저주는 신학자들이 영적 전쟁이라고 부르는 것의 초기 단계에 속한다. 이 전쟁은 선과 악의 충돌이자, 하나님과 그분의 백성에 맞서는 기나긴 전쟁이다. 이 전쟁은 두 영역, 즉 보이는 세계와 보이지 않는 세계라는 전쟁터에서 동시에 벌어진다.

이런 이야기들이 우리에게 생소하긴 해도 매우 중요한 교훈을 가르치는데, 그것은 "하나님이 인간의 운명을 두고 신적인 세력들과 사투를 벌이신다"는 것이다. 이 전쟁은 여전히 현재진행형이다. 세상과 인류를 향한 하나님의 뜻에 대항하는 일들이 아직도 영적 세계와 인류 가운데 생생히 벌어지고 있다. 그러나 하나님은 하늘과 땅을 다시 통합하기 위한 자신만의 계획을 갖고 계신다. 적대적인 방해 행위는 형벌을 면치 못할 것이다. 이 계획에서 인류는 매우 중요한 가치를 지닌다. 인류 가족을 향한 하나님의 계획은 결코 대체되거나 번복되지 않을 것이다.

Supernatural

인류 가족을 향한 하나님의 계획은 결코 대체되거나 번복되지 않을 것이다.

이런 내용을 전하는 본문들은 긍정적인 교훈을 주기도 한다. 하나님을 대적하는 기나긴 전쟁의 발단을 추적하다 보면, 인간과 신적 존재로 구성된 하나님의 형상 담지자를 창조하기로 한 하나님의 결정이 있었다는 데까지 다다르게 된다. 그 형상 담지자들은 하나님의 자유의지라는 속성을 가지고 있었지만, 그렇다고 하나님이 악의 원인이라고 말해선 안 된다.

성경에서는 하나님이 자신의 형상 담지자들이 불순종하도록 종용하시거나 그들이 불순종하도록 미리 작정되었다는 식의 이야기를 결코 찾아볼 수 없다. 하나님이 미래를 아신다고 해서 그것이 꼭 하나님이 예정하셨음을 의미하지는 않는다. 사무엘상 23:1-14과 같은 본문을 보면 이 점을 확실히 알게 되는데, 이 본문은 다윗이 그일라라는 성곽 도시를 블레셋으로부터 구원했을 때의 일을 말해준다. 사울은 전쟁을 마친 후에 다윗이 성내에 있다는 사실을 알게 된다. 그동안 사울은 다윗이 장차 자신의 왕좌를 차지할 것이라는 공포심에 사로잡혀 줄곧 다윗을 죽이려고 시도한 바 있다. 사울은 성곽 내에 있던 다윗을 붙잡으려고 군사를 그일라에 보낸다. 사울의 계획을 전해들은 다윗이 하나님께 묻는다.

"그일라 사람들이 나를 그의 손에 넘기겠나이까? 주의 종이 들은 대로 사울이 내려오겠나이까? 이스라엘의 하나님 여호와여 원하건대 주의 종에게 일러 주옵소서."

여호와께서 이르시되, "그가 내려오리라 … 그들이 너를 넘기리라"(삼상 23:11-12).

다윗은 신속히 성을 빠져나간다. 누구라도 그렇게 했을 것이다. 이 사실은 어떤 사건에 대한 하나님의 미리 아심이 '그 사건이 일어나도록 예정되었음'을 의미하진 않는다는 점을 우리에게 말해준다. 사무엘상 23장은 하나님이 예지하신 두 사건이 실제로는 결코 발생하지 않았다고 말한다. 신적인 세력의 반역과 인간의 실패가 있을 것이라는 점을 하나님이 미리 아셨다는 사실이 곧 하나님이 그 일들이 일어나게 만드셨음을 의미하진 않는다. 예지는 예정을 필요로 하지 않는다.

우리는 이런 특성을 고려하여 타락 사건을 들여다봐야 한다. 하나님은 아담과 하와가 실패하게 될 것을 아셨다. 하나님은 당황하지 않으셨다. 그분은 모든 것을 아시되 실제로 일어날 모든 일들과 어떤 일들에 대한 모든 가능성을 아신다. 인간 및 인류를 유혹하여 반역에 동참하게 만든 모든 신적인 반역자들의 죄악이 자신의 피조 세계에 들어올 것을 하나님은 미리 아실 수 있으나, 그분이 그 사실의 원인을 제공하신 것은 아니다.

우리는 이 같은 시각에서 우리 인생과 현시대에서 경험하는 악을 바라볼 수 있으며, 또 그렇게 조망해야 한다. 하나님은 타락을 예견하셨고 이를 바로잡으려는 계획도 준비하고 계셨다. 또한 하나님은 우리가 죄인으로 태어나 (철저히) 실패하게 될 것도 알고 계셨다. 하지만 하나님은 이런 실패들을 예정하진 않으셨다. 우리는 죄를 범할 때 그것이 우리의 죄임을 인정해야 한다. 우리가 그것을 선택했기 때문이고, 그래서 우리의 죄가 된다. 하나님이 이를 의도하셨다거나 그것이 예정된 사실이었기에 우리가 어찌할 도리가 없었다고 말할 수 없다.

하지만 하나님은 우리를 사랑하셨다. 이 사실은 "우리가 아직 죄인되었을 때에 그리스도께서 우리를 위하여 죽으신"(롬 5:6-8) 것으로 드러난다. 하나님은 우리가 무슨 일을 저지를지 미리 아심에도 불구하고 우리를 사랑하셨다. 그분은 우리에게 죄를 범할 자유를 허락하셨을 뿐 아니라, 복음을 믿고 예수님을 위해 살 수 있는 자유도 함께 주셨다.

또한 하나님은 나쁜 일들이 사람들에게, 심지어 그리스도인에게도 일어난다는 것을 알고 계신다. 물론 우리도 경험으로 알고 있다. 그러나 이 세상에 악이 존재하는 이유는 하나님 탓이 아니다. 단지 사람들(그리고 신적 존재들)에게 악을 행할 자유의지가 있기 때문이다. 우리 하나님은 자신의 위대한 계획이 제대로 작동되게 하기 위해 끔찍한 일들을 예정하시거나 잔혹한 범죄들을 조장하실 정도로 비뚤어진 분이 아니다. 하나님에겐 악이 필요하지 않으며, 다른 이견은 없다. 오히려 그분의 계획은 악이 존재함에도 "불구하고" 이를 극복할 것이며 궁극적으로는 악의 심판과 함께 실현될 것이다.

왜 하나님이 악을 단번에 즉각 제거하지 않으시는지 궁금해할 수 있다. 거기에는 한 가지 이유가 있다. 하나님이 악을 제거하시려면 인간과 신적 존재들로 불리는 자신의 형상 담지자들을 제거하셔야 하기 때문이다. 그들은 완벽하진 않지만 하나님을 닮은 자들이다. 악을 단번에 제거하는 것이 문제 해결의 방법이 될 수 있겠지만, 만일 그렇게 된다면 그것은 하나님이 다른 신적 대행자들과 인간을 창조하여 자신과 함께 살게 하고 더불어 통치하게 한다는 하나님의 본래 계획이 엄청난 실수였다는 의미가 되고 말 것이다. 하나님은 실수하지 않으신다.

또한 하나님이 인간에게 자유의지를 일체 허락하지 않으셨다면 어땠을까? 그게 차라리 낫지 않았을까? 하지만 그런 인간을 진정한 인간이라고 말할 수 있을까? 하나님이 우리에게 자유를 허락하기로 결정하신 것은 또한 우리를 지성 없는 노예나 로봇으로 만들지 않기로 하셨음을 의미한다. 그것이 자유의지를 가지는 것의 대안일 수는 있다. 하지만 자유는 우리가 하나님과 공유하는 본질적인 속성이기 때문에, 이것이 없다면 우리는 실질적인 의미에서 하나님의 형상 담지자가 될 수 없을 것이다. 하나님은 로봇이 아니시다. 하나님은 자신과 같은 모습으로 우리를 지으셨다. 그것은 결코 실수가 아니다. 하나님은 대안적인 결정을 내리시기엔 인류라는 개념을 너무 사랑하셨다. 그래서 하나님은 악이 세상에 들어온 후에도 인류를 구원하고 에덴을 갱신하며 모든 눈물을 닦아주실 방책을 마련하셨다(계 7:17; 21:4).

우리는 하나님을 대적하는 기나긴 전쟁이 진행 중임을 살펴보았다. 하나님은 이 전쟁을 이기는 한 가지 전략을 확보해놓고 계셨다. 하지만 그분이 본격적으로 실행에 착수하시기 전까지는 상황이 더 악화될 것이다.

5. 우주적 지형

우리가 앞에서 살펴본 여러 신적 존재들의 범죄에는 공통점이 있다. 그것은 모두 인류를 위한, 그리고 하나님의 통치 회복을 위한 하나님의 계획에 제멋대로 참여하려는 초자연적인 반역이었다. 이 장에서 또 다른 반역을 살펴볼 텐데, 그것은 우리 인간으로부터 비롯된 것이다.

이 반역으로 인해 우리는 현재까지도 일정 부분 곤경을 겪고 있으며, 이러한 상태가 되기까지 초자연적 존재들의 개입도 있었다. 하나님의 통치 회복 계획에 대항하는 대대적인 투쟁은 사태를 심각하게 악화시켰고, 최종적으로는 예수님의 재림만이 이를 해결할 것이다.

바벨탑

바벨탑 사건(창 11:1-9)은 성경의 기록 가운데 가장 유명하면서도 그 의미가 충분히 밝혀지지 않은 이야기 중 하나다. 어린이들은 주일학교에서 이 사건을 하나님이 지상의 인간 언어를 혼잡하게 하신 때의 일이라고 배운다.

홍수 이후에 하나님은 아담과 하와에게 주셨던 명령을 되풀이하시며 온 세상을 충만하게 채우라고 하셨다. 하나님은 인류를 통해 자신의 통치를 확산시키는 일에 시동을 거시려는 참이었다. 하지만 이 계획에 또 다시 문제가 생겼다. 사람들이 이를 거부한 것이다. 사람들은 그들의 마음속에서 반역을 획책하며 더 나은 아이디어를 떠올렸다. 아니, 그들은 자신들의 아이디어가 더 낫다고 생각했다. 그들은 흩어짐을 면하기 위해 탑을 건축하기로 했다(창 11:4). 얼핏 논리가 이상해 보인다. 그들은 어마어마한 탑을 지어 유명하게 될 게 분명한데(창 11:4), 어떻게 그것이 그들을 온 세계에 흩어지지 않도록 해준다는 말인가?

정답은 탑에 있다. 성경학자들과 고고학자들은 고대 바벨론과 그 주변 도시들이 '지구라트'라 불리는 탑을 건축했음을 알고 있다. 지구라트는 사람들이 신들을 만날 수 있는 장소를 마련하기 위해 쌓은 건축물이다. 그것은 성전 구역의 일부였다. 사람들은 온 세계를 하나님을 아는 지식과 하나님의 통치가 충만한 에덴으로 만드는 것보다 하나님을 특정 장소로 끌어내리는 쪽을 선택했다.

> **Supernatural**
>
> 바벨탑 이전까지만 해도 하나님은 온 인류와 관계를 맺고자 하셨다. 하지만 바벨에서의 반역이 이를 바꿔놓았다. 하나님은 자신의 신적 회의의 일원들이 다른 민족들을 통치하도록 결정하셨다.

그것은 하나님의 계획이 아니었고, 하나님은 이를 기뻐하지도 않으셨다. 그래서 하나님은 여기서 또 다시 천상회의의 일원들을 향해 말씀을 선포하신다. "자, 우리가 내려가서 거기서 그들의 언어를 혼잡하게 하자"(창 11:7). 하나님은 이 말씀을 실행에 옮기셨고, 인류는 분열되고 흩어졌다. 이 사건은 앞서 기술된 창세기 10장에서 인류가 어떻게 많은 민족으로 갈라지게 되었는지를 설명해준다.

이것은 사실 대부분의 그리스도인이 아는 이야기다. 이제부터는 많은 사람들이 잘 모르는 이야기를 꺼내려고 한다.

신들과 그들의 나라

바벨탑에서 일어난 일을 설명하는 내용이 창세기 11장에만 있는 것은 아니다. 신명기 32:8-9은 이 사건을 이렇게 묘사한다.

> 지극히 높으신 자가 민족들에게 기업을 주실 때에, 인류를 나누실 때에 하나님의 아들들의 수효대로 백성들의 경계를 정하셨도다. 그러나 여호와의 분깃은 자기 백성이라 야곱은 그가 택하신 기업이로다.

몇몇 번역본들은 첫 문장에서 "하나님의 아들들" 대신에 "이스라엘의 아들들"로 번역한다. 하지만 바벨탑 시대에는 이스라엘이 존재하지 않았다. 하나님은 바벨탑 사건 이후에 아브라함을 부르셨다(창 12장). "이스라엘의 아들들"은 정확한 독법이 될 수 없다. "하나님의 아들들"은 가장 오래된 성경 사본인 사해 두루마리에서 발견되는 용어다. ESV 번역이 올바르게 반영하고 있다(개역개정에는 "이스라엘 자손"으로 번역되어 있다-옮긴이).

그 표현이 중요하다. 하나님이 민족들(열국, 열방)을 나누셨다. 그리고 그들은 하나님의 아들들에게 분배되었다. 하나님이 민족들을 자신의 신적 회의의 일원들에게 분배하셨다는 것이다. 이것이 바로 다른 민족들이 왜 하나님이 아닌 다른 신들을 숭배하게 됐는지에 대한 성경의 설명이다. 바벨탑 이전까지만 해도 하나님은 온 인류와 관계를 맺고자 하셨다. 하지만 바벨에서의 반역이 이를 바꿔놓았다. 하나님은 자신의 신적 회의의 일원들이 다른 민족들을 통치하도록 결정하셨다.

하나님은 인류를 심판하셨다. 하지만 홍수 사건 이후에도 여전히 사람들은 에덴에서 시작된 하나님 나라 계획을 재실행하려고 하지 않았다. 그래서 하나님은 (신명기 32:9에서 말하듯이) 민족들의 상속권을 박탈하여 하나님의 아들들에게 분배하시고, 대신 자신의 "분깃"(portion)이라 불리는 "이스라엘"을 새로운 민족으로 창조하기로 결정하셨다. 바벨탑 이야기에 바로 이어지는 창세기 12장에서 하나님은 아브라함을 부르시는 것으로 그 계획을 실행하신다.

하나님이 민족들을 다른 신들에게 분배하신 사건은 구약성경 전체를 이해하는 틀이 된다. 어째서일까? 구약의 나머지 내용들은 이스라엘의 하나님과 그분의 백성 이스라엘에 대한 것이며, 이스라엘은 다른 민족의 신들 및 그 신들을 섬기는 백성들과 대립한다.

그것은 하나님의 본래 계획이 아니었다. 하나님이 바벨탑 사건을 계기로 민족들에게 행하신 일이 일종의 심판이었음은 분명하지만, 하나님의 뜻은 민족들이 영원히 내버려지는 것이 결코 아니었다. 하나님은 아브라함과 언약을 맺으시면서, 아브라함과 그의 후손을 통해 "땅의 모든 족속이 복을 얻을 것이라"(창 12:3)고 분명히 말씀하셨다. 하나님은 적절한 때에 다른 모든 민족을 자신의 가족으로 편입시키려는 계획을 염두에 둔 채 말씀하고 계셨다.

바울도 이 모든 내용을 알고 있었다. 그는 아테네의 이교도 철학자들에게 이렇게 설교한다.

> 인류의 모든 족속을 한 혈통으로 만드사 온 땅에 살게 하시고 그들의 연대를 정하시며 거주의 경계를 한정하셨으니, 이는 사람으로 혹 하나님을 더듬어 찾아 발견하게 하려 하심이로되 그는 우리 각 사람에게서 멀리 계시지 아니하도다(행 17:26-27).

하나님은 모세를 통해 자신의 백성에게 "하늘의 주재"(the host of heaven, 신 4:19-20; 개역개정. "하늘 위의 모든 천체")를 숭배하지 말라고 경고하셨다. 신적 회의의 구성원들을 언급하는 다른 본문에서도 이 호칭이 나타난다(왕상 22:19; 개역개정. "하늘의 만군"). 사도행전 17:26-27은 어떻게든 민족들이 계속해서 하나님을 찾게 하는 데 하나님의 목적이 있었음을 분명히 밝힌다.

하지만 민족들을 하나님으로부터 분배 받아 지배하던 신들은 이 계획을 두 가지 방식으로 방해했다.

우리는 앞서 시편 82:1에서 하나님이 신들의 회의를 소집하셨음을 보았다. 시편 82편 전체는 우리에게 그 이유를 말해준다. 민족들을 지배하던 신들은 하나님의 진정한 뜻과 공의의 원칙을 거스르는 방식으로, 즉 불의하게 통치했다. 하나님은 회의가 시작되자마자 그들을 비난하신다. "너희가 불공평한 판단을 하며 악인의 낯 보기를 언제까지 하려느냐"(시 82:2). 주님은 두 구절(3-4절)을 더 할애해 그들의 불의를 질타하시고 나서 그 신들이 어떻게 어둠 가운데 행하면서 민족들을 참되신 하나님께로 인도하는 데 실패했는지를 말씀하신다. "그러나 이 압제자들은 아무것도 알지 못한다. 그들은 심히 무지하다! 온 땅의 중심이 흔들리는 동안, 그들이 어둠 가운데 배회할 것이다(시 82:5 NLT).

슬프게도 이스라엘 백성 역시 참되신 하나님을 찾는 대신, "그들에게 주시지도 않은" 다른 신들을 경배하는 지경에 이르렀다(신 29:26; 또한 참조 32:17). (이스라엘뿐 아니라 그들의 숭배를 받던 신들을 향한) 하나님의 대응은 신속하고 혹독했다. "내가 말하기를 너희는 신들이며 다 지존자의 아들들이라 하였으나 너희는 한낱 사람처럼 죽으며 다른 모든 통치자들처럼 몰락할 것이다"(시 82:6-7 NLT).

신들은 자신들의 불멸성을 잃을 것이며(시 82:7) 사람들처럼 죽게 될 것이다. 우리는 다른 본문을 통해 이 심판이 마지막 때와 관련이 있다는 것을 안다(사 34:1-4). 시인은 시편 82편을 마무리하면서 하나님이 (신들에게 분배하셨던) 민족들을 마침내 자신의 기업으로 되찾으실 그날을 소망한다. 우리가 이후에 살펴보겠지만, 시인의 소망은 신약에서 성취될 것이다.

신명기 32장 세계관

신명기 32장 세계관 때문에 성경의 지형은 우주론적인 성격을 갖는다. 땅(ground)은 여호와께 바쳐져 거룩해지거나, 그렇지 않으면 다른 신의 영역이 될 수도 있었다. 이 세계관은 성경의 많은 본문에서 드러난다. 예를 들면, 구약성경 다니엘서는 이방 나라들이 신적 존재인 "군주들"에 의해 통치 받는 것으로 언급한다(단 10:13, 20-21). 또 다른 예를 살펴보자. 다윗은 사울 왕을 피해 도망할 때 이스라엘 땅에서 밀려나 블레셋의 영토로 들어간 적이 있다. 사무엘상 26:19에서 다윗은 이렇게 토로한다. "그들이 이르기를 너는 가서 다른 신들을 섬기라 하고 오늘 나를 쫓아내어 여호와의 기업에 참여하지 못하게 함이니이다." 다윗은 신들을 바꿔치기하고 있는 것이 아니다. 하나님이 모든 곳에 계시다는 사실을 부정하고 있는 것도 아니다. 하지만 이스라엘 땅은 거룩한 땅이며 참되신 하나님께 귀속된 땅이었다. 다윗은 다른 신의 영역에 갇혔던 것이다.

이 점을 설명할 때 내가 가장 좋아하는 구약 이야기는 열왕기하 5장이다. 나아만은 시리아(아람) 군대의 장군으로 나병 환자였다. 그가 엘리사의 지시에 따라 요단강에서 일곱 번 몸을 씻자 나병이 기적적으로 나았다. 이에 나아만이 엘리사에게 이렇게 말한다. "내가 이제 이스라엘 외에는 온 천하에 신이 없는 줄을 아나이다"(왕하 5:15). 엘리사가 예물을 받기 거부하자 나아만은 흙을 노새 두 마리에 실어 자기 나라로 돌아갈 수 없겠느냐며 그에게 정중하게 요청한다. 흙이라고? 왜 흙을 구하는 걸까? 땅이 이스라엘의 하나님께 속했기 때문이다. 그곳은 거룩했다.

이와 같은 사상이 신약성경에서도 발견되는 것은 우연이 아니다. 바울은 통치자들(rulers), 권세자들(authorities), 능력(powers), 보좌들(thrones) 등 적대적인 신적 존재들을 지칭할 때 일단의 용어들을 사용한다(엡 1:20-21; 3:10; 6:12; 골 1:16; 2:15). 이 용어들의 공통점은 무엇인가? 이것들은 모두 지리적인 통치권을 묘사하는 데 흔히 쓰인다.

사도 바울은 자신이 전해들은 몇 가지 사태를 수습하기 위해 고린도 교회에 두 차례 편지를 썼다. 첫 번째 편지에서 그는 교회 지도자들에게 성적인 죄를 범하고도 부끄러워할 줄 모르는 어떤 사람을 교회에서 내쫓으라고 말한다(고전 5:1-13). 흥미롭게도 바울은 그들이 "이런 자를 사탄에게 내줘야" 한다고 쓴다(고전 5:5). 이 표현을 어떻게 이해해야 할까?

바울의 주장은 우주적 지형이라고 불리는 구약의 세계관에 비춰봐야만 이해할 수 있다. 구약신학에서 여호와의 "분깃"은, 이스라엘 백성, 그리고 여호와가 이스라엘에게 주시는 가나안 땅이었다. 여호와의 임재로 그 땅은 성별되었다. 즉 거룩하게 되었다는 말이다. 처음에는 여호와의 임재가 장막에 머물렀다. 이스라엘이 행군을 멈추고 휴식하며 진영을 설치할 때, 언약궤가 그 중앙에 배치됨으로 이스라엘 진영이 거룩한 땅임을 표시했다. 나중에 이스라엘이 가나안 땅을 차지했을 때, 여호와의 임재는 성전에 머물렀고, 그렇게 함으로 그 약속의 땅이 거룩한 땅으로 성별되었음을 알렸다. 여호와와 그분의 백성이 거하는 처소인 것이다. 지금은 여호와의 임재가 신자들 안에 내주한다. 우리는 하나님의 성전이다(고전 6:19; 고후 6:16; 롬 8:9). 이것은 그리스도의 몸인 신자들이 하나님의 새 백성, 새 이스라엘임을 의미한다. 바울은 갈라디아서 3장에서 이것을 분명하게 천명한다.

> 그런즉 믿음으로 말미암은 자들은 아브라함의 자손인 줄 알지어다. …
>
> 너희가 다 믿음으로 말미암아 그리스도 예수 안에서 하나님의 아들이 되었으니 누구든지 그리스도와 합하기 위하여 세례를 받은 자는 그리스도로 옷 입었느니라. 너희는 유대인이나 헬라인이나 종이나 자유인이나 남자나 여자나 다 그리스도 예수 안에서 하나이니라. 너희가 그리스도의 것이면 곧 아브라함의 자손이요 약속대로 유업을 이을 자니라(갈 3:7, 26-29).

신자들(그리고 신자들이 함께 모인 곳)이 곧 거룩한 땅이므로, 죄는 반드시 추방되어야 한다. 이스라엘 진영을 둘러싼

> Supernatural
>
> 아무리 작고 알려지지 않은 모임이라도, 모든 회중은 영적 전쟁의 최전선이다. 어둠의 권세는 결국 승리하지 못할 것이다.

땅과 다른 신들의 지배 아래 있는 주변 나라들이 거룩하지 않은 땅으로 간주되었던 것처럼, 신약 시대에도 세상은 거룩하지 않은 땅이었다. 지금도 마찬가지다. 이런 배경에서 바울 역시 수치를 모르는 그 음행자를 사탄의 영역인 바깥세상으로 내쫓으라고 명령했던 것이다. 교회에서 출교당하는 일은 거룩하지 않은 영역으로 쫓겨나는 것을 의미했다. 바깥세상은 곧 죄가 속한 곳이었다.

이것이 왜 중요한가

바벨에서 민족들에게 하나님이 단행하신 심판의 결과로 생겨난 우주적 지형 개념은 이스라엘이 겪는 분쟁의 배경이 된다. 이것은 또한 복음이 필요할 수밖에 없는 무대를 제공한다. 예수님이 십자가에서 이루신 일에서 비롯되는 복된 소식은 하나님 백성의 범위가 더 이상 유대인으로 제한되지 않고 예수님을 믿는 모든 사람에게로 확대된다는 것이다(갈 3

장). 제자들이 세상으로 나아갈 때 사탄의 영역은 하나님의 영토로 바뀐다. 하나님 나라는, (다른 신들에게 분배되었던) 민족들에 대한 통치권을 되찾아오는 것을 통해 날마다 확장될 것이다.

이 사실이 우리에게 주는 교훈은, 이 세상이 우리가 영구적으로 거주할 본향이 아니라는 것이다. 세상은 어둠의 지배 아래 있다. 믿음이 없는 사람들은 본질적인 의미에서 영적 권세들의 인질로 잡혀 있다. 그들이 자유를 얻기 위해서는 복음이 필요하다. 그리고 복음이 바로 우리의 무기라는 사실을 결코 잊지 말아야 한다. 우리는 권세자들과 주권자들을 직접 상대하는 권한을 위임받지 않았다. 사도들이 우리에게 전해준 그런 종류의 영적 은사들은 없다. 하지만 복음을 충실히 전파하는 일은 대세를 바꿔놓을 것이다. 대위임령은 영적 전쟁을 위한 일종의 지침이다. 우리는 이어지는 장들에서 이 점에 대해 더 배우게 될 것이다.

또 다른 교훈은 우리가 참된 신자들의 모임을 거룩한 땅으로 봐야 한다는 것이다. 외형적인 겉모습, 건물, 그리고 집회의 규모는 하나님 앞에서 전혀 중요하지 않다. 중요한 것은 두세 사람이 모인 그곳에 예수님이 계신다는 사실이다(마 18:20). 그런 공간은 거룩하다. 아무리 작고 아무리 알려지지 않은 모임이라도, 모든 회중은 영적 전쟁의 최전선이다. 모든 교회가 동일한 임무를 띠고 있다. 어둠의 권세는 결국 승리하지 못할 것이다.

우리가 예수님의 사역에 대해 본격적으로 다룰 때, 우주적 지형 개념을 다시 한 번 살펴보게 될 것이다. 지금까지는 전선이 어떻게 형성되어 있는지 그려보았다. 하나님은 (바벨탑 사건을 기점으로) 모든 민족을 심판하시고 상속권을 박탈하셨다. 민족들을 천상회의의 일원들에게 분배하신 하나님이 최초의 계획을 다시 실행하기 위해 자신만의 분깃인 백성을 세우실 때가 왔다.

6.
말씀, 이름,
사자

지난 장에서 우리는 성경의 우주적 지형에 대해 살펴보았다. 하나님은 바벨탑에서 있었던 인류의 반역에 대한 대응으로 민족들을 내버리셨다. 하나님은 하나님의 아들들, 즉 천상회의의 일원들에게 인류를 분배하셨다(신 32:8-9). 그리고 하나님은 내버리신 민족들을 대신해 자신의 분깃이 될 민족, 곧 새 백성을 창조하려 하셨다. 새 백성은 이 땅에서 하나님 나라를 새롭게 하기 위한 하나님의 대행자들이 되어야 했다. 하지만 그들의 임무는 끔찍한 투쟁이 될 것임이 곧 드러났다. 다른 신들과 그 신들에게 분배된 민족들이 이스라엘 및 하나님의 대적이 되어 격렬하게 저항할 것이기 때문이다.

하나님의 새 백성은 아브람이라 불리는 한 사람에서 시작될 것이며, 그 이름은 나중에 아브라함으로 바뀔 것이다. 하나님은 바벨에서의 심판 직후에 아브라함을 찾아오셨다.

아브라함이 말씀을 만나다

그리스도인들은 창세기 12장에서 하나님이 아브라함을 찾아오신 사건에 익숙하다. 하나님은 아브라함에게 고향과 친척과 아버지의 집을 떠나 그가 알지 못하는 어떤 땅으로 가라고 말씀하신다. 하나님은 그를 인도하겠다고 약속하신다. 하나님은 아브라함에게 자신이 친히 그의 하나님이 될 것이며 그에게 특별한 언약의 약속들을 주겠다고 말씀하신다. 아브라함과 사라 두 사람 모두 노년임에도 불구하고 하나님은 그들에게 한 아들을 주실 것이다. 그리고 그 아들로부터 하나님의 새로운 지상 가족을 이룰 수많은 백성이 나올 것이다. 그들을 통해 모든 민족이 복을 얻게 될 것이다.

우리는 아브라함이 하나님과 만나는 장면을 상상하면서 하늘로부터 또는 아브라함의 머릿속에 어떤 음성이 들렸으리라고 생각하는 경향이 있다. 또는 하나님이 꿈에 나타나신 것은 아닐까 생각하기도 한다. 성경은 하나님이 그런 형태의 일들을 선지자들과 다른 사람들에게 행하신다고 분명히 말한다. 하지만 아브라함에게 일어난 일은 다르다. 하나님은 더 극적으로 일하셨다. 하나님은 사람의 모습으로 나타나셨다. 하나님과 아브라함은 얼굴을 마주하고 이야기를 나눴다.

이에 대한 힌트가 창세기 12:6-7에 나온다. 성경은 하나님이 아브라함에게 나타나셨다고 말한다. 얼마 후에 하나님이 다시 아브라함에게 나타나신다(창 15:1-6). 이번에는 하나님이 아브라함에게 환상 중에 "여호와의 말씀"(the word of the Lord in a vision)으로 나타나신다. 이것은 마음에 속삭이는 어떤 목소리가 아니었다. 왜냐하면 그 "말씀"이 아브라함의 자손이 셀 수 없이 많아질 것을 약속하는 과정에서 아브라함을 밖으로 데리고 나가 별들을 보여주시기 때문이다(창 15:5).

하나님은 다른 곳에서도 아브라함에게 사람의 모습으로 나타나신다(창 18장). 하나님은 약속의 아들 이삭(창 26:1-5)과 이삭의 아들 야곱(창 28:10-22; 31:11-12; 32:24-30)에게도 이와 같이 하신다.

하나님이 사람의 형체로 자기를 드러내시는 하나의 방식으로서 "말씀" 또는 하나님의 음성은 성경 곳곳에서 예기치 않게 나타난다. 사무엘상 3장은 내가 가장 즐겨 사용하는 사례다. 소년 사무엘이 밤에 잠을 청하는 동안 자신을 부르는 음성을 계속해서 듣는다. 결국 사무엘과 함께 지내며 그의 시중을 받던 엘리 제사장이 그 음성의 주인공이 하나님이심을 알아챘다. 10절에서 하나님이 다시 사무엘에게 임하신다. "여호와가 임하여 그곳에 서서 전과 같이 '사무엘아! 사무엘아!' 하고 부르셨다"(GNT). 우리는 이분이 사람의 형체로 나타난 하나님이심을 알고 있다. 성경 본문이 그렇게 묘사할 뿐 아니라, 3장 마지막 절에서 여호와께서 "여호와의 말씀으로" 사무엘에게 계속 자기를 나타내셨다고 말하기 때문이다(삼상 3:21).

Supernatural

하나님이 사람의 모습으로 나타나시는 것은 실제로 구약성경 내에서 일종의 패턴을 이루는데, 이는 하나님이 (실제로 육신을 입고) 나사렛 예수님으로 오시기 훨씬 전의 일이다.

"여호와의 말씀"이 육신을 입은 사람의 형체로 선지자에게 나타나신 또 다른 예는 예레미야서에 있다. 자신이 선지자로 부름받는 예레미야 1장에서 예레미야는 "말씀"이 자신에게 왔다(개역개정, "임하였다")고 말한다. 예레미야는 그 "말씀"이 하나님이시라고 밝힌다. 여호와는 친히 자신의 손을 내밀어 예레미야의 입에 대신다(렘 1:1-9).

하나님이 사람의 모습으로 나타나시는 것은 실제로 구약성경 내에서 일종의 패턴을 이루는데, 이것은 하나님이 (실제로 육신을 입고) 나사렛 예수님으로 오시기 훨씬 전의 일이다. 생각해보면, 이는 납득이 된다. 하나님은 우리와 전적으로 다른 분이다. 성경은 어떤 인간도 하나님의 참된 본질과 그분의 영광스러운 임재를 보면 살아남지 못한다고 말한다. 성경 인물들이 유형의 형체로 나타나신 하나님을 마주했을 때, 그들은 자신들이 당연히 죽는다고 생각했다(창 32:30; 신 5:24; 삿 6:22-24). 그럼에도 그들은 죽지 않았는데, 왜냐하면 하나님이 자신의 임재를 인간의 지성이 받아들일 수 있는 방식으로 제한해 나타내셨기 때문이다. 가령, 불과 구름으로, 그리고 많은 그리스도인들이 아는 것보다 훨씬 빈번하게 사람의 모습으로 임재하셨다.

많은 경우에서, 사람의 형체로 나타난 하나님의 현현 장면은 "여호와의 사자"(the Angel of the LORD)와의 만남으로 묘사된다. 이 사자(천사)는 우리에게 익숙한 인물이다. 예를 들어, 여호와의 사자는 모세에게 불타는 떨기나무에서 나타나신다(출 3:1-3). 떨기나무 가운데 계신 하나님은 모세를 사용하셔서 자신의 백성을 애굽에서 이끌어내겠다고 약속하신다. 하나님은 벧엘에서 야곱의 꿈에 가시적으로 나타나시는데(창 28:10-22), 여기서 이 가시적인 존재가 여호와와 동일시된다. 나중에 여호와의 사자는 또 다시 야곱의 꿈에 나타나고 그에게 자신이 전에 벧엘에서 만났던 그 하나님이라고 단도직입적으로 말씀하신다(창 31:11-12).

많은 성경 교사들이 이 사자를 하나님 자신과 동일시하기를 주저한다. 하지만 성경 곳곳에서 그가 하나님이시라는 확실한 표시들이 나타난다. 그중에 가장 중요하다 할 만한 사건이 하나님이 모세에게 율법을 주신 직후에 일어난다. 이스라엘이 약속의 땅을 향한 여정을 준비하고 있을 때 하나님이 모세에게 이렇게 말씀하신다.

> 내가 사자를 네 앞서 보내어 길에서 너를 보호하여 너를 내가 예비한 곳에 이르게 하리니 너희는 삼가 그의 목소리를 청종하고 그를 노엽게 하지 말라. 그가 너희의 허물을 용서하지 아니할 것은 내 이름이 그에게 있음이니라.
>
> 네가 그의 목소리를 잘 청종하고 내 모든 말대로 행하면 내가 네 원수에게 원수가 되고 네 대적에게 대적이 될지라(출 23:20-22).

이 사자는 평범한 천사가 아니다. 이 사자는 죄를 사면할 권세가 있다. 이 사자는 그 안에 하나님의 이름을 지닌 존재다. 이상한 표현이긴 하지만 매우 의미심장하다. 그 "이름"이란 구약성경에서 하나님 자신, 하나님의 직접적인 임재나 본질을 가리키는 주된 방식이었다. 예를 들어, 이사야 30:27-28은 여호와의 이름을 하나의 인격으로 간주해서 하나님 자신을 가리키는 것처럼 묘사한다.

> 보라 여호와의 이름이 원방에서부터 오되
> 그의 진노가 불 붙듯하며 빽빽한 연기가 일어나듯 하며
> 그의 입술에는 분노가 찼으며
> 그의 혀는 맹렬한 불 같으며
> 그의 호흡은 마치 창일하여 목에까지 미치는 하수 같은즉

심지어 오늘날에도 경건한 유대인들은 하나님을 하쉠(*ha-shem*, "그 이름")이라고 부른다.

이 사자가 인간의 모습을 한 하나님이심을 알게 하는 또 다른 방식은 출애굽기 23:20-22을 다른 본문과 비교해보는 것이다. 불타는 떨기나무에서 모세와 조우한 사자, 즉 "하나님의 이름"이 그 안에 있는 사자는 실제로 이스라엘 백성을

애굽에서 이끌어내어 약속의 땅으로 인도한다(삿 2:1-3). 하지만 그것은 여호와가 하신 일이며(수 24:17-18), 하나님 자신의 임재가 이루어낸 일이기도 하다(신 4:37-38). 여호와, 여호와의 임재, 그리고 여호와의 사자는 하나님이라는 동일한 대상을 가리키는 다양한 방식이다. 하지만 사자는 인간의 형체를 취한다.

한편 이 점을 가장 설득력 있게 제시하는 성경 본문이 있는데, 표현 방식이 모호해서 제대로 포착하기가 어렵다. 이 본문을 주목하는 사람은 거의 없다. 야곱의 임종 장면이다. 야곱은 자신의 임종을 앞두고 요셉의 자녀들을 축복하려 한다. 야곱은 손자들을 축복하는 중에 자신의 삶을 회고하면서, 자신이 하나님과 조우했던 몇몇 장면들을 떠올린다. 그는 자신의 축복 기도를 이렇게 시작한다(창 48:15-16).

> 내 조부 아브라함과 아버지 이삭이 섬기던 하나님,
> 나의 출생으로부터 지금까지 나를 기르신 하나님,
> 나를 모든 악에서 건지신 여호와의 사자 …

그런 다음 놀랍게도 야곱은 이렇게 기도한다. "그가 이 아이들에게 복을 주시오며." 야곱은 하나님과 그 천사라는 구별되는 두 존재를 따로 말했음에도 불구하고 "그들이 이 아이들에게 복을 주시오며"라고 말하지 않는다. 야곱은 자신의 기도에서 하나님과 그 사자를 한데 묶어서 말한다. "그가 이 아이들에게 복을 주시오며" 하고 말이다.

사사기 6장의 기드온을 부르시는 사건은 더 아리송하다. 여호와와 여호와의 사자가 모두 한 장면에 등장한다(삿 6:22-23). 구약성경에서조차 하나님은 하나 이상의 위격으로 존재하시고, 그 위격들 가운데 하나는 사람으로 나타나신다.

예수: 그 말씀, 그 이름, 그 사자

지금까지 살펴본 하나님에 대한 이런 묘사들에 우리는 익숙해져야 한다. 이것들은 모두 신약성경이 예수님에 대해 이야기하는 것의 구약 버전이다. 아브라함은 인간의 형체를 취한 하나님이신 "그 말씀"(the Word)을 만났다. 요한복음 1:1에서 사도 요한은 이렇게 기록한다. "태초에 말씀이 계시니라. 이 말씀이 하나님과 함께 계셨으니 이 말씀은 곧 하나님이시니라." 14절에서 요한은 이 말씀이 "육신이 되어 우리 가운데 거하시매"라고 말한다. 어느 1세기 유대인이 요한복음을 읽는다면, 그는 말씀으로 오신 하나님께 마음을 뺏길 것이다. 사실 예수님도 아브라함이 "자신의 때를 보았고," 아브라함이 있기 전부터 자신이 있었다고 주장하셨다(요 8:56-58).

모세는 떨기나무에서 인간의 형체를 취한 하나님, 즉 여호와의 사자를 만났고, 그 이후에도 그랬다. 그 사자는 이스라엘 백성을 애굽에서 이끌어내어 약속의 땅으로 인도했다. 하지만 유다는 자신의 짧은 편지에서 이렇게 기록한다. "너희가 본래 모든 사실을 알고 있으나 내가 너희로 다시 생각나게 하고자 하노라. 예수께서 백성을 애굽에서 구원하여 내시고 후에 믿지 아니하는 자들을 멸하셨으며"(유 5절). 그 사자는 인간의 형체를 입으신 하나님이셨다. 그 사자는 삼위일체의 제2위 하나님이셨고, 훗날 동정녀 마리아에게서 태어나실 분이었다.

하나님의 임재 곧 "그 이름"으로 인해 이 사자는 다른 모든 존재와 구별된다. 때때로 신약성경에서 예수님이 성부 하나님을 지칭할 때 "그 이름"이라고 말씀하신다. 십자가형을 선고받게 될 재판에 넘겨지기 직전 겟세마네 동산에서 기도하실 때, 예수님은 이렇게 기도하신다. "아버지여, 창세 전에 내가 아버지와 함께 가졌던 영화로써 지금도 아버지와 함께 나를 영화롭게 하옵소서. 세상 중에서 내게 주신 사람들에게 내가 아버지의 이름을 나타내었나이다. … 내가 아버지의 이름을 그들에게 알게 하였고"(요 17:5-6, 26). 이 마지막 진술에서 예수님은 무엇을 의도하셨을까? 예수님은 사람들이 하나님의 이름이 무엇인지 알게 해달라고 말씀하시는 것이 아니다. 그들은 유대인이었다. 그들은 하나님의 이름이 여호와인 줄 알고 있었다. 그들에게는 구약성경이 있었다. 그들은 수천 개의 구절에서 하나님의 이름을 찾아볼 수 있었다. 예수님이 "사람들에게 아버지의 이름을 나타냈다"고 말씀하실 때, 그것은 예수님이 사람들에게 자신이 하나님인 사실을 명백하게 드러내셨음을 의미한다. 예수님은 사람들 앞에서 실제로 하나님으로 계셨다. 예수님은 육신을 입으신 '그 이름'이었다.

이것이 왜 중요한가

지금까지 우리는 성경의 지형에 대해 살펴봤다. 당신이 알고 있는 성경의 모든 이야기는 보이지 않는 세계의 영적 충돌이 강하게 일어나는 배경 속에서 펼쳐진다. 이 충돌은 신들이 벌이는 승자독식의 전쟁이다.

보이지 않는 세계에 대한 성경의 관점에 따르면, 하나님에겐 수많은 대적들이 있는데 이들은 하나님이 창조하신 다른 신들로서 한때 하나님께 충성했으나 하나님을 떠나 각기 제 길로 가버린 존재들이다. 바울은 이러한 반역을 저지른 신들을 보이지 않는 세계에 속한 어둠의 주관자들, 통치자들, 권세자들, 왕권들로 묘사한다(엡 6:11; 골 1:16). 그들은 지금도 버젓이 존재한다. 신약성경은 결코 그들이 사라졌다고 말하지 않는다. 그들은 하나님의 통치에 맞서며, 복음을 통해 하나님의 사랑받는 가족으로 편입된 인간과의 영원한 재결합을 방해하려 한다.

어둠의 권세자들 중 하나가 사망의 군주(the lord of the dead)라고 불리는 자다. 그는 아담과 하와를 기만하여 인류의 불멸성을 상실시킴으로 말미암아 인류에 대해 합법적으로 죽음에 대한 지배권을 쥐고 있다. 그의 목표는 여호와의 백성을 진멸하는 것이다. 하나님을 대적하던 하나님의 아들들이 낳은 후손들도 (이스라엘 백성이 가나안에 당도했을 때) 이 같은 마음을 품었다. 이들은 하나님의 백성이 그 땅을 차지하지 못하게 하려고 사생의 결투를 벌였다. 이스라엘 백성이 그 땅에 들어간 이후에도, 어둠의 권세들의 목표는 변하지 않았다. 다만 전략이 수정되었다. 즉 하나님의 백성을 미혹

하여 다른 신들을 섬기게 하는 것이다. 그러면 여호와께서 자신의 백성을 제거하실 것이기 때문이다. 실제로 그런 일이 발생했다. 하나님은 자신의 백성을 유배 보내셨다.

하지만 어둠의 권세들은 알고 있었다. 여호와가 자신의 계획을 결코 포기하지 않으실 것이란 사실을 말이다. 하나님은 최초의 반역에 대한 저주를 내리시면서, 언젠가 에덴에서 일어난 인류의 실패에 따른 결과들을 무효화시킬 자가 올 것을 예고하셨다. 물론 어둠의 권세들은 언젠가 약속된 이가 출현할 것을 알았지만, 바울이 우리에게 말해주듯이 그들은 하나님이 정확히 무엇을 계획하고 계시는지는 알지 못했다(고전 2:6-8; 엡 3:10; 6:12). 왜냐하면 하나님의 계획은 지극히 높으신 이가 뜻하신 바대로 모두에게 감춰진 하나의 비밀(mystery)이었기 때문이다.

7.
기본 수칙

지금까지 우리가 살펴본 내용은 다음과 같다. 하나님은 바벨에서 민족들을 내버리셨다. 천상회의의 일원인 하등한 신들이 그들을 분배받아 지배하게 되었다(신 32:8-9). 하나님은 아브라함을 불러 새 백성을 다시 세우시면서, 이스라엘의 영향력을 통해 언젠가는 민족들을 되찾기로 계획하셨음을 분명히 하셨다(창 12:3). 하지만 민족들을 다스리는 신들은 결국엔 자신들의 권세와 경배를 하나님께 넘겨드려야만 한다(시 82:6-8). 이것은 보이는 세계와 보이지 않는 세계 모두에서 충돌이 있을 것임을 의미한다. 하나님의 분깃으로 탄생한 이스라엘은 처음부터 신들의 표적이 되었다.

여호와가 누구이기에

성경 이야기에서 이스라엘이 위태로운 처지에 놓이는 데에는 오랜 시간이 걸리지 않았다. 요셉 이야기(창 37-50장)는 왜 이스라엘이 애굽에 가게 됐는지를 설명해준다. 요셉의 형들은 요셉을 해하려 했으나 하나님은 그 일을 기근으로부터 이스라엘을 구원하는 일로 바꾸는 데 섭리하셨다(창 46:3-4; 50:20). 하나님은 이스라엘을 애굽에서 곧바로 이끌어내겠다고 말씀하지 않으시는데 그것은 다른 의도가 있으셨기 때문이다. 하나님은 요셉을 존대하던 바로가 죽은 후에 요셉을 알지 못하고 이스라엘을 적대시할 새 왕이 승계할 것을 미리 아셨다(출 1장). 하나님은 애굽의 바로 왕이 이스라엘 백성에게 강제 노역을 시킬 것도 미리 내다보셨다(창 15:13-16). 또한 합당한 때에 자신이 이스라엘을 구원하실 것도 아셨다(창 46:4).

그런데 왜 그들은 기다려야만 했을까? 하나님이 우리에게 고통을 허락하시는 데에는 언제나 선한 이유가 있다. 우리가 그것을 매번 알 수는 없다. 다만 이번 일에 대해서는 성경이 매우 분명하게 설명한다.

모세가 애굽에서 도피하여 광야에 머물던 때에 하나님

은 불타는 떨기나무에서 그를 부르셔서(출 3:1-14) 애굽으로 돌려보내신다. 하나님의 명령은 단순했다. 즉 바로에게 말하여 "내 백성을 보내라"(출 5:1)는 것이다. 바로는 생각이 달랐다. 그는 애굽에서 육체를 가진 신으로 숭배받았고, 애굽의 모든 영광과 권세의 상징이었다. 그는 히브리 목자들의 보이지 않는 신이 자기에게 요구하는 바를 수락하지 않을 참이었다. 그는 모세의 하나님이 실재한다는 사실조차 알지 못했다. 그는 조롱하듯 이렇게 대답한다. "여호와가 누구이기에 내가 그의 목소리를 듣고 이스라엘을 내보내겠느냐"(출 5:2).

바로는 답을 얻게 될 참이었다. 그 때문에 곧 그는 해를 입게 될 것이고, 하나님은 그 일을 위해 바로를 완악하게 하셨다. 하나님이 모세에게 말씀하신다. "내가 그의 마음을 완악하게 한즉 그가 백성을 보내 주지 아니하리니"(출 4:21). 하나님이 먼저 싸움을 거셨다. 수백 년 동안 이스라엘을 압제하던 애굽과 그 신들이 심판을 받을 때가 되었다. 바로가 이스라엘을 학대한 일은 전체 줄거리의 일부였을 뿐이다. 성경은 역병이 애굽의 신들을 정조준하고 있음을 우리에게 말할 뿐 아니라, 특히 마지막 재앙인 장자의 죽음(출 12:12; 민 33:4)은 바로의 집에 대한 직접적인 공격이었다고 말한다. "밤중에 여호와께서 애굽 땅에서 모든 처음 난 것 곧 왕위에 앉은 바로의 장자로부터 옥에 갇힌 사람의 장자까지와 가축의 처음 난 것을 다 치시매"(출 12:29).

바로는 하나님을 조롱했으나, 상황은 극적으로 반전되었다. 훗날 바울이 말한 바처럼 말이다. "스스로 속이지 말라. 하나님은 업신여김을 받지 아니하시나니 사람이 무엇으로 심든지 그대로 거두리라"(갈 6:7). 이스라엘을 애굽으로부터 해방시키는 과정에서 애굽을 치는 일은 기대한 결과를 가져왔다. 이스라엘의 하나님이 애굽과 그 신들을 벌하셨다는 소문은 저 멀리 가나안 사람들에게까지 전해졌다(수 2:8-10; 비교. 출 15:16-18; 수 9:9). 모세가 애굽에서 임무를 완수하고 돌아왔을 때 그의 장인 이드로는 이 모든 일의 교훈을 이렇게 정리했다. "이제 내가 알았도다. 여호와는 모든 신보다 크시도다"(출 18:11).

홍해 건너편에서 모세가 반어적 표현의 질문을 던지면서 바로와 그의 무너진 군대를 조롱했던 것은 결코 놀랄 일이 아니다. "여호와여 신 중에 주와 같은 자가 누구니이까?"(출 15:11).

애굽에서 나와서 홍해를 건넌 이스라엘 백성은 자신들이 어디를 향해 가고 있는지 알았다. 그들은 하나님의 최신 지상 거처이자 본부인 시내산에서 하나님을 만나야 했다.

사실 이스라엘 백성은 하나님에 대해 많이는 알지 못했다. 출애굽 당시 그들에겐 성경이 아예 없었다. 이스라엘 백성이 하나님에 대해 알 수 있었던 유일한 지식의 통로는 조상으로부터 여러 세대에 걸쳐 전해진 이야기뿐이었다. 지금 우리에게는 성경이 있고, 그 속에 담긴 이야기를 읽으면서 하나님이 무슨 일을 행하셨는지 분명히 알 수 있다. 이스라엘 백성은 배워야 할 것이 많았다. 시내산은 교실이었다.

이스라엘 — 하나님의 가족이자 지상 대표자들

출애굽에 앞서 애굽의 바로 왕 앞에 선 모세는 그에게 하나님의 뜻을 전한다. "이스라엘은 내 아들 내 장자라. … 내 아들을 보내 주어 나를 섬기게 하라"(출 4:22-23). 하나님에게 아들이 있다는 개념은 중요하다. (이 경우에는 아브라함의 모든 후손을 가리킨다). 이 개념은 우리로 하여금 하나님이 아담과 하와를 창조하신 일을 떠올리게 한다.

하나님은 인류로 구성된 가족을 원하셨다. 하나님은 자신의 피조 세계인 지상에서 자신이 창조하신 백성들과 함께 살고자 하셨다. 하나님은 자신의 보이지 않는 가족과 자신의 인류 가족이 자신과 동거하며 자신을 섬기길 바라셨다. 하나님은 자신의 백성들이 생육하고 번성하여 온 세계가 에덴처럼 되기를 바라셨다. 하지만 하나님이 바벨탑 사건을 계기로 인류를 내버리셨을 때, 아브라함을 부르시기 전까지 하나님에게는 자녀가 없었다. 이스라엘은 하나님의 새로운 가족이 되었다. 하나님의 원래 계획으로 돌아갈 때가 되었다. 아담과 하와가 지상에 있는 하나님의 형상 담지자였던 것처럼, 이제는 이스라엘이 그 역할을 대신할 참이었다.

시내산으로 돌아가는 일은 일종의 귀향이었다. 심지어 천상회의도 그곳에 있었고, 그곳에서 하나님의 계획이 실행에 옮겨지는 것을 지켜볼 수 있었다. 천상회의의 일원들은 하나님과 그분의 백성 사이에 맺어진 새로운 언약(율법)의 증인이었다.

하나님의 율법 — 하나님의 천상회의를 통해 전달되다

하나님이 십계명을 주신 시내산에 천상회의가 있었다는 내 말에 혹시 놀라지 않았는가? 만일 출애굽이나 시내산으로의 여정에 관한 영화를 본 적이 있다면 아마도 당신은 거기서 천사들을 보지 못했을 것이다. 하지만 성경은 그곳에 천사들이 있었다고 전한다. 심지어 하나님의 율법을 전해준 당사자가 천사들이었다고 말한다(행 7:52-53; 히 2:1-2).

또한 성경은 율법이 "하나님의 손가락으로" 기록되었다고 말한다(신 9:9-10). 이런 식의 표현은 하나님이 인간의 형체를 입고 오신 경우라면 낯선 것이 아니다. 시내산에 계셨던 하나님은 사람의 모습으로 나타나셨으며, 창세기에 나오는 하나님의 천사(사자) 이야기와 매우 비슷하다. 하나님과 그분의 천군(하늘의 무리들)이 모세와 이스라엘 백성에게 율법을 주셨다.

율법이 주어진 후에, 모세, 아론, 아론의 아들들, 그리고 이스라엘의 장로 70명은 인간의 형체로 나타나신 이스라엘의 하나님을 다시 한번 목격한다. 이번엔 식사를 위한 만남이었다(출 24:9-11). 예수님 시대에 마지막 만찬이 그분의 피로 세운 새 언약을 인준했던 것처럼, 이 식사는 시내산에서 이스라엘과 맺은 하나님의 새 언약, 즉 율법을 기념했다.

하나님은 이스라엘 백성을 거룩하게 하시려고 율법을 주셨다(레 19:2). 하나님은 이스라엘 백성이 하나님의 가족으로서 다른 모든 백성들과 구별되길 원하셨다. 하나님 자신이 다른 모든 신들, 그리고 세상의 어떤 것과도 완전히 구별된 존재인 것처럼, 하나님의 백성도 다른 백성들과 구별되어야 했다.

거룩함(holiness)이 의미하는 바는 무엇인가? 거룩함이라는 개념 배후에는 무엇이 있는 걸까? 거룩함은 어떤 이상한 것을 의미하지 않는다. 거룩함이란 하나님과 함께하는 것이고, 하나님께 바쳐지는 것이며, 하나님과 바른 관계를 맺은 삶에서 비롯되는 모든 좋은 것을 누리는 것이다. 하나님은 이스라엘이 (그 거룩함으로) 다른 민족들의 마음을 끌어 여호와께 돌아오게 만들기를 원하셨다(신 4:6-8; 28:9-10). 그래서 성경은 이스라엘을 "제사장 나라"(출 19:6), "열방의 빛"(사 42:6; 49:6; 참조. 51:4; 60:3)이라 부른다. 이스라엘 민족은 열방에게 복의 통로가 되는 아브라함의 자리를 물려받았다(창 12:3).

신실한 믿음

하나님과의 바른 관계는 구원을 이야기할 때 나오는 또 하나의 주제다. 우리가 주일학교에서 종종 배웠음에도 오해하는 바는, 이스라엘은 율법과 규례에 순종하는 것으로써 구원받지 않았다는 것이다. 구약에서든 신약에서든 구원은 결코 획득하는 것이 아니며, 인간이 받을 만한 자격이 있는 것은 더더욱 아니다. 그것은 믿음에 대한 응답으로서 오직 하나님의 은혜에 의해서만 주어진다.

우리가 그리스도의 죽음과 부활을 힘입어 믿음으로 새롭게 태어나는 것처럼 이스라엘 백성도 믿음을 소유해야 했다. 그들은 자신들의 하나님이 모든 신들 중의 신이시며, 그분이 친히 이스라엘을 자기 백성 삼으셨다는 것을 믿어야 했다. 오직 그들만이 신들 중의 신이신 하나님께 나아갈 수 있었다. 율법은 이스라엘 백성이 구원을 획득하기 위한 방편이 아니었다. 율법은 그들이 믿는 하나님을 향해 자신들의 신실함을 표현하는 수단이었다. 이스라엘의 구원은 신들 중의 신이신 하나님(과 그분의 약속)에 대한 믿음에 달려 있었고, 다른 신 숭배를 거부하는 것에 달려 있었다. 그것은 마음으로부터 나오는 신실한 믿음에 대한 것이지, 하나님에게 환심을 사서 될 문제가 아니었다.

다윗 왕은 간음 및 살인 교사와 같은 끔찍한 일을 저질렀다(삼하 11장). 율법에 따르면 다윗은 범법자였고 그 죄악으로 말미암아 마땅히 죽어야 했다. 그럼에도 그는 여호와를 지극히 높으신 하나님으로 믿는 일에 결코 흔들림이 없었다.

그는 하나님에 대한 신실함을 돌이켜 결코 다른 신에게로 향하지 않았다. 하나님은 그런 다윗에게 자비를 베푸셨다.

신약도 이와 다르지 않다. 복음을 믿는다는 것은 우리가 이스라엘의 하나님이 이 땅에 한 인간으로 오셔서, 친히 우리 죄를 위한 희생제물로 십자가에서 죽으시고, 사흘만에 부활하신 사실을 믿는 것이다. 우리는 믿음으로 이 진리를 받아들여야 하며, 다른 모든 신들을 버리고 오직 예수님에게만 우리 믿음의 신실함을 드러내야 한다. 다른 신들이 구원에 대해 무슨 이야기를 하든지 신경쓸 필요가 없다. 성경은 우리에게 예수님 밖에는 구원을 얻을 만한 다른 이름이 없으며(행 4:12) 그분에 대한 온전한 믿음을 가져야 한다고 말한다(롬 11:17-24; 히 3:19; 10:22, 38-39). 우리가 개인적으로 실패하더라도 그것은 예수님을 다른 신과 맞바꾸는 배교와는 비교할 수 없다. 하나님은 그 차이를 구분하실 수 있다.

이것이 왜 중요한가

출애굽 사건과 시내산에서 벌어진 일들은 매력적인 상징으로 가득하다. 시내산에서 모세와 그 일행이 인간의 형체를 취하신 하나님과 식사하는 장면은 우리의 시선을 확 사로잡는다. 그곳에는 70인의 장로들이 모세와 함께 있었다. 하나님이 바벨탑 사건을 계기로 내버리셨던 창세기 10장에 등장하는 바로 그 민족들의 수를 세어보면, 70이라는 숫자를 얻게 될 것이다. 이스라엘의 하나님이 열국을 심판하시던 때, 그 민족들이 하나님의 아들들 (즉 다른 하등한 신들)에게 분배되었다(신 4:19-20; 32:8-9). 장로들, 하나님의 아들들, 그리고 상속권을 박탈당하고 내버려진 민족들의 수가 어째서 공통적으로 70이란 말인가?

숫자가 일치하는 데에는 분명 의도가 있다. 예수님은 자신의 지상 사역을 시작하실 때도, 70인의 제자들을 파송하신다(눅 10:1). 이것은 대위임령을 선포하기 위한 사전 단계였다. 그 70이라는 숫자는 예수님의 제자들이 민족들을 되찾아서 하나님 나라의 통치 아래 둘 것이라는 개념을 전달하고 있다. 마지막 날에 하나님 나라는 요한계시록 21-22장의 새로운 전지구적 에덴에서 최종적인 완성에 이를 것이다. 70이 반복되는 것은

> **Supernatural**
>
> 우리는 이 땅에 있는, 하나님의 새로운 (인간들로 구성된) 회의 기구다. 우리가 영화롭게 되는 날에, 새로운 에덴에서 하나님의 신적인 가족의 일원으로 합류하게 될 것이다.

일종의 메시지다. 즉 하나님의 새로운 지상 가족인 이스라엘(즉 아브라함의 자손)은 잃어버린 바 된 민족들을 회복시킬 방편이 된다는 것이다.

하지만 거기서 끝나지 않는다. 사도 바울은 갈라디아서 3장에서 신자들이 아브라함에게 주어진 약속들을 상속받았다고 말한다. 누구든지 예수님을 믿으면 믿음으로 말미암아 아브라함의 자손이 된다(갈 3:26-29). 이는 나와 당신이 민족들을 다른 신들에게서 되찾아야 할 사명을 받았음을 의미한다. 우리의 사명은 다른 신들의 영적 지배 아래 있는 사람들을 돌이켜 예수님을 믿게 하는 것이다. 우리는 이 땅에 있는, 하나님의 새로운 (인간들로 구성된) 회의 기구다. 우리가 영화롭게 되는 날에, 새로운 에덴에서 하나님의 신적인 가족의 일원으로 합류하게 될 것이다.

성경은 여러 곳에서 이 개념을 전달한다. 요한계시록은 신자들이 마지막 날 예수님과 함께 열방에 대한 통치권을 유업으로 상속받을 것이라고 기술한다(계 3:21). 이는 우리가 바벨탑 사건 이후로 이 민족들을 다스려왔던 하나님의 아들들을 대신할 것임을 의미한다. 이런 이유에서 요한은 신자들이 하나님의 자녀가 되는 권세를 가진다고 말한다(요 1:12; 비교. 요일 3:1-3). 실제로 우리는 마지막 날에, 하나님을 대적하던 모든 신적 존재인 하나님의 아들들의 자리를 대신할 것이다.

또한 같은 이유에서 바울은 신자들에게 그들의 분쟁을 세상 법정에서 해결하려 하지 말라고 권고하면서, "우리가 천사를 판단할 것을 너희가 알지 못하느냐?"(고전 6:3)라고 말한다. 우리가 새 하늘과 새 땅에서 신적인 (즉 영화롭게 된) 상태가 될 때, 우리는 천사들보다 높은 존재가 될 것이다. 언젠가 우리는 예수님처럼 될 것이며(요일 3:1-3; 고전 15:35-49), 예수님과 함께 (아직은 적대적인 신들에 의해 지배받고 있는) 민족들을 다스리게 될 것이다(계 2:26). 아브라함의 영적 후손인 신자들은, 궁극적으로는, 에덴의 실패에서 비롯된 죽음의 저주뿐 아니라 상속권을 박탈당하고 내버려진 민족들의 상황을 처음으로 되돌려놓을 것이다.

우리는 마땅히 이런 운명을 믿는 사람답게 살아야 한다. 구약으로부터 시작된 계획 속에 들어 있는 모든 것은 우리와 연결될 것이다. 에덴을 상기하라. 하나님은 에덴에서 신적 존재들과 인류로 이루어진 자신의 두 가족과 함께 살며 함께 다스리기를 원하셨다. 그 계획은 반역에 의해 엉망이 되었지만, 이스라엘의 출애굽에 의해 다시금 되살아났다. 아브라함의 자손에게서 에덴의 실패를 되돌릴 메시아가 나올 것이다(창 3:15). 이스라엘이 없었다면, 우리에게 운명따윈 없었을 것이다.

그리고 이런 사실 때문에 신들과 그들을 따르는 무리들이 계속해서 이스라엘을 제거하려 시도했던 것이다.

8. 거룩한 공간

이스라엘 백성은 시내산에서 1년 이상을 머물렀다. 왜 그렇게 오랜 시간을 한 곳에 머물렀던 것일까? 이미 그들은 하나님과 언약을 맺었고, 십계명도 받은 터였다. 하지만 그들에겐 아직 배워야 할 것이 많이 있었다. 조상들의 하나님, 곧 아브라함, 이삭, 야곱의 하나님을 믿고 그분께 신실하기로 서약하는 것도 중요하지만, 하나님이 그들에게 무엇을 기대하시는지, 그리고 하나님이 어떤 분이신지 아는 것은 또다른 문제였다.

거룩함의 개념

우리에게 낯선 구약의 율법과 규례는 하나님 자신이 다른 모든 것과는 분명히 다르시다는 점을 백성에게 가르치려는 필요 때문에 마련되었다. 하나님은 그 본질과 성품상 고유한 분이시다. 하나님은 인류 및 다른 모든 것과 구별되는 전적인 타자시다. 하나님이 통상의 존재로 여겨지지 않도록, 이스라엘 백성은 항상 이 진리를 마음에 새겨야 했다.

하나님의 고유한 타자성이라는 개념을 표현하는 성경의 용어는 거룩함이다. 거룩함은 "분리시키다" 또는 "구별하다"는 의미가 있다. 거룩함은 하나님의 고유한 도덕적 기준을 반영하는 특정한 방식으로 행동해야 한다는 개념을 담고 있지만, 이 개념이 반드시 도덕적 행위만을 가리키는 것은 아니다(레 19:2).

하나님은 이스라엘 백성에게 거룩함에 대해 단순히 지식적으로 설명하는 것에 만족하지 않으셨다. 하나님은 자신의 전적 타자성이라는 개념이 고대 이스라엘의 삶에서도 확연히 드러나기를 원하셨다. 성경은 이것이 각종 예식(즉 상징적 의미를 담은 행위들)을 통해서, 그리고 신성한 영역으로 나아가기 위한 각종 규례들에 의해 성취되었다고 말한다.

하나님이 대체 뭐가 “다르단” 말일까?

이 질문에 짧게 대답하자면, 하나님은 “모든 면에서” 다른 분이시다. 하지만 너무 추상적이다. 성경은 이것을 훨씬 구체적으로 알려주는데, 이뿐 아니라 이스라엘 공동체의 삶을 위한 각종 의식과 규례에도 이 개념이 반영되어 있다.

예를 들면, 성경은 우리에게 하나님이 이스라엘의 생명의 근원이실 뿐 아니라, 생명 그 자체이심을 가르친다. 하나님은 (죽음, 질병, 불완전이 상존하는 곳인) 이 세상에 속하지 않으셨다. 하나님의 세상은 초자연적이다. 우리는 땅에 붙박혀 있다. 그렇기에 이 세상에서 하나님이 머무시는 곳은 거룩해지고, 그분의 임재로 인해 다른 세상이 된다. 우리가 머무는 곳은 범속하다. 하나님은 범속함과는 정반대편에 계신다. 이러한 개념들로 인해, 고대 이스라엘에서 사람들이 하나님이 계신 곳으로 나아가 함께 머물려고 할 때는 반드시 부르심을 입어야 하고 정결케 되어야 한다는 점을 강조했다. 구약의 율법에 많은 정결 규례가 있는 것도 그 때문이다.

많은 활동과 다양한 조건에 의해 (부정해진 경우) 이스라엘 백성은 거룩한 공간, 즉 성소에 출입할 자격을 잃을 수 있었다. 성관계, 피흘림, 특정한 신체적 결함, (사람이나 동물) 시체와의 접촉 등은 모두 이스라엘 백성을 부정하게 만들었다. 이스라엘 백성은 동물의 사체를 먹이로 삼는 특정 조류나(예, 독수리, 매; 레 11:13-19), 사체들을 밟고 다니는 동물(예, 도마뱀, 쥐; 레 11:24-40)을 먹어서는 안 되었다.

이런 예를 볼 때, 부정, 곧 깨끗하지 못하다는 것은 도덕적인 문제가 아니라 오히려 생명의 상실과 관련 있으며, 또한 하나님의 완전하심과 병립할 수 없는 조건을 의미하는 것이었다. 논리는 단순하지만 현대인의 시각에서 보면 낯선 내용이다. 피나 정액의 유출은 생명을 창조하고 유지시키는 물질을 상실한 것으로 인식되었다. 하나님은 생명의 상실과 아무 상관없는 분이실 뿐 아니라, 오히려 생명의 공급자가 되신다. 그런 물질의 유출 이후에 "정결"을 요구한다는 것은 하나님의 본성이 어떠하심을 강조한다. 이와 유사하게, 시체와의 접촉으로 부정하게 된 후에도 마찬가지로 "정결"이 요구되었다. 신체적인 결함이나 상해가 있는 사람도 이스라엘의 성소에 접근할 수 없었다. 이런 결함은 하나님의 완전하심과 병립할 수 없기 때문이다.

게다가 이 모든 율법들은 초자연적 세계관을 고취시키려는 의도가 있었다.

부정의 문제를 해결하기

고대 이스라엘에서는 "부정"하게 되어 성소에 나아가는 데 부적합해지는 경우 이는 매우 심각한 문제였다. 일단 부정하게 되면, 그 사람은 희생제물과 헌물을 지정된 장소로 가져올 수 없었다. 이를 해결하기 위해서는 정결을 위한 의식을 치러야 했는데, 때론 이 의식은 희생제물을 요구하거나, 오랜 기다림을 수반했다.

피의 희생이라는 논리 (즉 성소로 나아가는 데 적합한 정결한 상태로 만들기 위해 사람이나 사물에 피를 바르거나 뿌리는 행위)는 우리에겐 낯선 개념이다. 하지만 그것 외에도 피의 희생에는 신학적인 목적이 담겨 있다. 대리(대체, 대속, substitution)의 개념을 알리는 것이다. 육체의 생명이 그 피에 있기 때문에(레 17:11), 피를 흘림으로써 "어떤 동물의 생명을 취하는 일"은 자기 자신의 죽음이 아닌 어떤 것으로 하나님께 나아가려면 반드시 죽음이 필요하다는 교훈을 가르친다. 희생제물의 피는 이스라엘 백성의 더럽혀지고 부정하게 된 상태를 바로잡기 위한 자비로운 대체물이었다.

여기서의 핵심은 하나님이 제물의 대리(대체, 대속)적인 희생을 통해 이스라엘 백성의 생명을 보존하신다는 것이다. 하나님의 형상으로 지음받은 인간의 생명은 동물의 생명보다 더 신성하다(창 1:26; 9:6). 이스라엘 백성도 아브라함과 사라에게 자녀를 허락하신 하나님의 초자연적 간섭하심에 의해 존재하게 되었다(창 12:1-3). 하지만 인간의 생명은 "거룩하신" 하나님의 임재 앞에선 위험에 처한다. 그때 드려지는 희생제사는 하나님이야말로 삶과 죽음을 지배하는 주권자시며 그 하나님이 인간에게 자비를 베풀기 원하신다는 사실을 전달한다.

이 땅에 임한 천국(과 지옥)

하나님의 타자성을 주목하다 보면, 하나님뿐 아니라 초자연적 세계의 경계에 대한 특정한 개념도 발견할 수 있다. "영역 구분"의 개념은 이스라엘의 초자연적 세계관에서 매우 필수적이다. 하나님의 임재가 머무는 곳이 거룩하다면, 그 밖의 다른 곳은 그렇지 않았다. 그곳은 속되거나 어떤 경우에는 적대적이고 악한 곳이었다.

하나님의 임재는 에덴을 떠올리게 하는 여러 가지 것들로 표현되었다. 성막과 성전에 배치된 많은 것들은 사람들로 하여금 에덴을 떠올리도록 고안되었다. 금촛대는 에덴에 있는 생명나무를 유추하듯 나무 형태로 제작 및 장식되었다(출 25:31-40). 등잔대는 지성소로 들어가는 길을 막고 있는 휘장 앞을 지키듯 세워져 있었다. 지성소 내부에는 언약궤가 놓였는데, 그 덮개는 하나님을 위한 보좌로 기능하도록 고안되었다(출 25:10-22).

지성소 내부의 그룹(cherubim) 또한 에덴과의 뚜렷한 연관성을 보여준다. 에덴에서 그룹들은 그곳에 있는 하나님의 처소를 지켰다(창 3:24). 지성소 내부의 그룹은 언약궤의 덮개를 호위했다(출 25:18-20). 훗날 솔로몬 성전이 세워졌을 때, 성막의 텐트 구조물은 성전 안으로 옮겨졌고, 두 거대한 그룹이 언약궤 위에 놓여 하나님의 보좌 기능을 하면서 언약궤를 하나님의 발판이 되게 했다(대상 28:2).

성전도 울창한 숲과 동물들로 가득한 에덴 동산을 연상시키듯 장식되었다(왕하 6-7장). 꽃, 종려나무, 사자, 그리고 석류 등이 성전 건축물에 새겨졌다. 성전은 하나님이 자신의 인간 가족과 함께 살기 위해 처음으로 세상에 오신 에덴을 시각적으로 상기시켜주는 표지였다.

이스라엘 백성은 우주적 지형의 어두운 면에 대해서도 기억해야 했다. 이스라엘 백성의 진영, 그리고 훗날 이스라엘이라는 나라가 거룩한 땅이자 하나님 및 하나님 백성의 집이었다면, 이스라엘 바깥 지역은 거룩하지 않은 땅이었다. 시내산 사건이 있기 오래 전, 하나님은 다른 민족들을 내버리시고 그들을 하등한 신들에게 넘기셨다(신 4:19-20; 32:8-9). 하나님은 훗날 그 민족들을 되찾으실 것이지만, 아직 성경의 시간표 내에서, 그들은 어둠의 영역에 있었다.

이 교훈을 잊을 수 없는 구체적인 방식으로 일깨워주는 이스라엘의 종교 의식이 있다. 레위기 16장에 보면 해마다 찾아오는 대속죄일(욤 키푸르)은 아주 매력적이고 훌륭한 실물 수업을 통해 사람들로 하여금 거룩한 땅과 거룩하지 않은 땅에 대해 생각하게 했다.

여기에 염소 두 마리가 등장한다. 한 염소는 백성들이 지난해 저지른 부정과 모든 죄를 씻기 위해 희생제물로 바쳐지고 그 피는 지성소 안에서 뿌려진다. 희생된 염소는 "여호와를 위한" 것이었다. 다른 염소는 죽이지 않고 대제사장이 상징적으로 사람들의 죄를 그것에 옮긴 후에 광야로 내보낸다. 그 염소는 "아사셀을 위한" 것이었다.

"아사셀"은 무엇일까? 몇몇 번역자들은 이를 문자 그대로 "아사셀"이라 쓰지 않고, 대신에 희생양(scapegoat)으로 번역한다. 사해 두루마리 사본에서 문제의 이 히브리어는 고유명

사로 사용되는데 어떤 귀신의 이름을 가리킨다. 이스라엘 백성은 약속의 땅을 향한 광야 여정 중에 귀신들에게 제사를 지낸 과거가 있다(레 17:7). 악한 세력들이 자신들의 진영을 위협할 것에 대한 두려움 때문이었다. 광야는 이스라엘 진영의 바깥이었고, 그렇다면 결국 그곳은 악한 존재들이 거하는 곳이었다. 귀신들에게 드리는 제사는 중단되어야 마땅했고, 아사셀을 위한 염소가 그 작업의 완료를 의미했다. 아사셀을 위한 염소는 악한 신들에게 바치는 제물이 아니었다. 그 염소는 희생된 적이 없다. 대신에 아사셀 염소를 광야로 들여보내는 행위는 거룩한 곳 (즉 이스라엘 진영)의 죄를 말끔히 제거하는 일종의 상징적인 방법이었다.

이것이 왜 중요한가

신약에 오면, 많은 것들이 달라진다. 하지만 변함없는 것들도 있다. 하나님은 여전히 전적 타자로 계신다. 하나님의 거룩하심은 우리가 그분의 임재에 참여하기 위해 정결하게 될 것을 요구한다. 우리에게 그 일은 예수님이 십자가에서 행하신 일에 대한 믿음으로 말미암아 성취된다.

예수님이 우리를 위해 행하신 모든 일은 초자연적 함의를 지닌다. 예수님은 광야로 나가셨다. 그곳엔 악한 세력들이 있었을 것이다. 예수님은 그곳에서 사탄의 시험을 이기셨다. 이 사건을 기점으로 예수님의 사역이 시작되었고, 그 사역은 "죽음의 세력을 잡은 자 곧 마귀"를 이기심으로 정점에 이르렀다(히 2:14). 예수님은 거룩한 성 밖에서 십자가에 달리셨다(히 13:12). 우리의 죄가 그분에게 옮겨진 결과로 예수님은 부정해졌고, 반면에 예루살렘은 거룩한 땅이 되었다.

> **Supernatural**
>
> 부정한 죄인이라 할지라도 그리스도 안에 있으면 우리는 거룩하다. 불완전하다 할지라도, 예수님 때문에 우리의 불완전함은 간과된다. 이 원리는 단순하지만 심오하다.

예수님의 죽음과 부활은 우리를 성화시켰다. 말하자면 우리가 하나님의 임재 앞에 나아가기 적합하도록 변화된 것이다. 우리의 죄는 "없어졌다"(롬 11:27; 참조. 요일 3:5). 부정한 죄인이라 할지라도 그리스도 안에 있으면 우리는 거룩하다. 불완전하다 할지라도, 예수님 때문에 우리의 불완전함은 간과된다. 이 원리는 단순하지만 심오하다.

우리는 이스라엘 백성이 우리보다 여러 면에서 영적으로 더 많은 특혜를 누렸다고 생각하는 경향이 있다. 결국 그들은 하나님의 임재를 직접 경험했지 않은가? 그들은 초자연적이고 우주적인 지형이 실제로 작동하는 세계를 살았다. 우리는 그들이 누렸던 것을 우리가 누렸더라면, 또한 하나님을 계속 생각나게 하는 많은 것들에 우리가 둘러싸여 살았더라면, 그들보다 더 영적이고 하나님에게 신실한 자들이 되었으리라 생각하는 경향이 있다.

신약은 우리가 그런 환경에 둘러싸여 있다고 말한다.

우리에겐 성막이나 성전처럼 별도의 거룩한 공간이 필요하지 않다. 우리 몸이 곧 성소다. 바울은 우리의 몸을 가리켜 "장막"(고후 5:4)이라 부르는데, 성막과 성전의 지성소를 충만히 채우던 그 하나님의 임재가 우리 몸 안에 동일하게 내주하시기 때문이다(롬 8:9-11). 우리의 영혼이 거주하는 지상의 집, 곧 육체는 결국 죽음을 맞겠지만, "손으로 짓지 않은 집"(고후 5:1-3), 곧 새 에덴이자 이 땅에 임할 천국인 하늘의 처소가 이를 대신할 것이다(계 22:1-3).

> **Supernatural**
>
> 우리가 그리스도 안에 있음을, 또한 그것이 이 세상에 어떤 의미가 되는지 잠시라도 잊어서는 안 된다.

하나님은 성령을 통해 오늘날 신자들 안에 내주하시기 때문에 각 교회, 곧 개별 신자들의 모임은 거룩한 처소다. 이런 이유로 바울은, 죄 가운데 살면서 회개하지 않는 어떤 그리스도인을 쫓아내라고 성토하면서 "이런 자를 사탄에게 내주었다"고 말한다(고전 5:5). 고린도 교회는 거룩한 땅이었다. 신자들의 교제권 바깥은 사탄의 영역이었다. 그곳에는 죄와 자기 파멸이 있을 뿐이다.

이제 우리 자신을 초자연적인 시선으로 볼 때가 되었다. 당신은 하나님의 자녀이며, 성소에 나아갈 수 있다. 이는 당신이 무엇을 하거나 하지 않아서가 아니라, 당신이 그리스도 안에 있어 하나님의 자녀로 입양되었기 때문이다(롬 8:15; 갈 4:5). 당신은 어둠의 영역에서 건짐을 받았고, "그의 사랑의 아들의 나라로 옮겨졌다"(골 1:13).

우리가 그리스도 안에 있음을, 또한 그것이 이 세상에 어떤 의미가 되는지 잠시라도 잊어서는 안 된다.

9. 거룩한 전쟁

성경은 언제나 논쟁을 불러일으킨다. 성경을 하나님의 말씀으로 인정하지 않는 사람들은 종종 성경이 말하는 내용에 딴지를 건다. 하지만 성경의 몇몇 부분은 그리스도인들조차 불편하게 만든다. 약속의 땅을 정복해가는 이스라엘의 전쟁이 딱 그런 경우다.

왜일까? 주로 살육 때문이다. 이 살육은 무차별적이고 너무 지나친 것 같다. 어째서 몇몇 도시들에서 남자와 여자는 물론 어린이와 심지어 가축에 이르기까지 살아 있는 모든 것을 철저하게 도륙해야만 했을까? 어째서 거주민에게 항복을 받아내는 것으로 끝나지 않았을까? 그들을 살육하는 대신 포로로 끌고 갔다면 더 좋지 않았을까?

이러한 반박에 준비된 대답이 있긴 하지만, 나는 그 대답 역시 그리스도인들을 불편하게 한다는 것을 알게 되었다. 우리는 이스라엘의 초자연적 세계관을 통해 이 정복 기사들을 읽을 때라야 그 이유와 동기를 제대로 이해할 수 있다.

이스라엘의 초자연적 논리

약속의 땅 정복을 위한 전투는 두 가지 요인에 의해 방향성이 결정되었는데, 그들의 세상이 단지 인류의 거주지일 뿐 아니라 보이지 않는 영적 전쟁의 전리품이라는 이스라엘의 이해에서 비롯된다. 이미 살펴봤지만, 두 가지 요인에 대해 짧게 복습해보자.

첫 번째 요인은 바벨탑 사건에서 비롯된 실패다. 민족들이 하나님께 반역을 도모했을 때, 하나님은 더 이상 그 백성들과 직접적인 관계를 맺고자 하지 않으셨다. 대신에 하나님은 그 민족들을 자신의 천상회의의 일원들, 즉 하나님의 아들들에게 분배하셔서 통치하게 하셨다(신 4:19-20; 32:8-9). 이후에 하나님은 아브라함을 부르셨고 그와 그의 아내 사라로 하여금 이삭을 갖게 하셨으며, 그 이삭에게서 이스라엘 백성이 나올 것이었다.

우리는 시편 82편에서 이 (민족들을 분배받은) 하등한 신들이 부패했음을 보았다. 그들은 불의를 허용했다. 사람들은 지극히 높으신 하나님 대신 그들을 숭배했다. 그 결과 그들은 하나님 및 그분의 백성 이스라엘과 원수가 되었다. 이 민족들 가운데 일부가 하나님이 출애굽 이후에 자기 백성 이스라엘에게 주신 가나안 땅에 살고 있었다. 그렇기 때문에, 모세와 이스라엘 백성은 가나안 사람들이 자신들이 진멸해야 할 원수이며 그들의 신들은 이스라엘을 멸망시키기 위해 무슨 일이든 벌일 존재들이라고 믿었다.

이스라엘 백성이 더욱 우려한 두 번째 요인이 있었다. 이에 대해서는 이스라엘 백성이 약속의 땅 가나안 경계에 다다랐을 때 일어난 일을 보면 알 수 있다.

모세는 가나안에 열두 정탐꾼을 보내어 가나안 땅과 거주민들에 대한 정보를 가져오게 했다. 정탐꾼들은 가나안 땅이 그 자체로는 "젖과 꿀"이 흐르는 좋은 땅이라는 증거를 안고 돌아왔다. 이는 하나님이 말씀하신 내용과 일치했다(민 13:27). 하지만 정탐꾼들은 거기에 폭탄 발언을 덧붙인다. "우리가 두루 다니며 정탐한 땅은 그 거주민을 삼키는 땅이요,

거기서 본 모든 백성은 신장이 장대한 자들이며, 거기서 네피림 후손인 아낙 자손의 거인들을 보았나니, 우리는 스스로 보기에도 메뚜기 같으니 그들이 보기에도 그와 같았을 것이니라"(민 13:32-33).

우리는 앞에서 네피림에 대해 이야기한 적이 있다. 그들은 창세기 6:1-4에 등장하는 하나님의 아들들과 사람의 딸들 사이에서 나온 악한 자손이다. 이스라엘 정탐꾼들이 목격한 거인족인 아낙 자손이 바로 그들의 후손이었고, 더 많은 수의 아낙 자손이 가나안 전역, 즉 이스라엘 백성이 그 땅을 차지하기 위해 물리쳐야 할 족속과 도시들 가운데 흩어져 살고 있었다(민 13:28-29). 이전에도 가나안 땅과 그 땅의 신들을 정복하는 일이 어렵다고 여겨졌으나, 이제는 완전히 불가능해 보였다. 이제 이스라엘은 가나안 땅 정복을 위해 비정상적으로 거대한 체구의 전사들을 상대해야 했다.

단지 두 명의 정탐꾼(여호수아와 갈렙)만이 하나님께서 이스라엘 백성을 도우셔서 아낙 자손을 물리치게 하실 것이라 믿었다. 나머지 정탐꾼들은 이스라엘이 패배할 것이라며 가나안으로 들어가기를 만류했다. 그들은 바로와 그 군대를 철저하게 쓸어버리신 하나님이 친히 개입하셔서 이스라엘에게 승리를 주실 것을 믿지 못했다. 오히려 그들은 "우리는 능히 올라가서 그 백성을 치지 못하리라. 그들은 우리보다 강하니라"(민 13:31)라고 불평했다.

이에 하나님이 대답하신다. "이 백성이 어느 때까지 나를 멸시하겠느냐. 내가 그들 중에 많은 이적을 행하였으나 어느 때까지 나를 믿지 않겠느냐"(민 14:11). 크게 진노하신 하나님은 옛적 바벨탑에서 민족들에게 하셨던 대로 이스라엘에게서 상속권을 박탈하고, 모세와 더불어 처음부터 다시 시작하겠다고 경고하신다. "내가 전염병으로 그들을 쳐서 상속권을 박탈하고 네게 그들보다 크고 강한 나라를 이루게 하리라"(민 14:12 ESV).

모세는 하나님에게 긍휼을 베풀어달라고 간구한다(민 14:13-19). 하나님은 모세의 간구대로 하셨으나 백성의 불신앙을 간과하진 않으신다. 이스라엘은 교훈을 배워야 했다. 그 과정은 혹독할 것이다. 하나님은 모세에게 이렇게 말씀하신다.

> 내가 네 말대로 사하노라. 그러나 진실로 내가 살아 있는 것과 여호와의 영광이 온 세계에 충만할 것을 두고 맹세하노니 내 영광과 애굽과 광야에서 행한 내 이적을 보고서도 이같이 열 번이나 나를 시험하고 내 목소리를 청종하지 아니한 그 사람들은

내가 그들의 조상들에게 맹세한 땅을 결단코 보지 못할 것이요, 또 나를 멸시하는 사람은 한 사람도 그것을 보지 못하리라. …

너희 시체가 이 광야에 엎드러질 것이라. 너희 중에서 이십 세 이상으로서 계수된 자 곧 나를 원망한 자 전부가 여분네의 아들 갈렙과 눈의 아들 여호수아 외에는 내가 맹세하여 너희에게 살게 하리라 한 땅에 결단코 들어가지 못하리라. 너희가 사로잡히겠다고 말하던 너희의 유아들은 내가 인도하여 들이리니 그들은 너희가 싫어하던 땅을 보려니와(민 14:20-31).

성경 시대에 "열 번"이라는 숫자는 "몇 번이고 계속해서"를 뜻할 때 사용하는 비유적 표현이다(창 31:7; 욥 19:3). 말하자면 하나님이 이스라엘의 불평을 오랫동안 참아오셨다는 말이다. 애굽의 노예 신분에서 해방된 것에 열광하는 대신, 그들은 자신들이 먹을 음식(민 11:1-14; 31-35)과 하나님이 택하신 지도자 모세에 대해(민 12:1-16) 불평을 일삼았다. 마침내 하나님의 인내심은 바닥이 났고, 이제 그들은 불신앙에 대한 혹독한 대가

Supernatural

크게 진노하신 하나님은 옛적 바벨탑에서 민족들에게 하셨던 대로 이스라엘에게서 상속권을 박탈하고, 모세와 더불어 처음부터 다시 시작하겠다고 경고하신다.

를 치를 것이다. 하나님을 신뢰하지 않은 모든 성인들이 죽어 사라질 때까지 이스라엘은 사십 년간 광야에서 방황하게 될 것이다.

두 번째 기회

이스라엘은 약속의 땅을 차지할 두 번째 기회를 얻게 될 것이다. 신명기 2-3장은 그들이 어떻게 사십 년간 방황하면서 마침내 ("트랜스요르단"이라 불리는) 요단강 건너편, 즉 약속의 땅 동쪽 지역에 이르렀는지를 순차적으로 기록한다. 트랜스요르단 지역에는 에돔, 모압, 암몬 족속이 있었는데, 그곳은 하나님이 아브라함의 조카 롯과 야곱의 형제 에서에게 주신 영토였다. 그곳에 다른 민족도 있었지만, 거주민들 대다수가 이스라엘의 친족이었다.

하나님은 이 지역을 지나갈 때 모세에게 구체적인 지침을 내리신다. 그들과 다투지 말고 필요한 것이 있으면 양식이든 물이든 돈으로 사 먹으라는 것이었다. 이스라엘 백성의 행로에는 먼 친족을 방문하는 식의 일정은 없었다. 결국 이스라엘 백성은 바산으로 알려진 지역으로 올라간다. 무시무

시한 곳이라는 소문이 자자한 곳이다. 성경 이외의 고대 문헌에서 바산은 "뱀의 땅"으로 알려져 있다. 이 바산 지역의 두 거대 도시 아스다롯과 에드레이가 이 노정 중에 언급되기도 하는데(신 1:4; 수 13:12), 이곳은 죽은 자들의 지하세계로 들어가는 관문으로 여겨졌다. 이스라엘의 초자연적 세계관이란 맥락에서 보면, 하나님은 이스라엘 백성을 지옥의 관문으로 인도하고 계셨던 셈이다.

그것이 전부가 아니었다.

하나님은 이스라엘 백성을 그곳으로 인도하셔서 시혼과 옥이라 불리는 두 왕과 맞닥뜨리게 하신다. 두 왕은 아모리 족속(신 3:2-3; 31:4)이며, 성경에서 르바임이라 부르는 족속의 통치자들이었다. 신명기 2:11에서 불길하게 언급했던 것처럼 아낙 자손은 "르바임"이라고 불리기도 했다. 하나님은 모세를 통해 이스라엘 백성을 동일한 거인족이 차지하고 있던 또 다른 지역으로 인도하신 것이다. 40년 전에 이스라엘 정탐꾼들을 두렵게 하고 불신앙에 빠지게 만들어 오랜 방랑 생활을 시작하게 한 장본인들이다.

하나님은 왜 이스라엘 백성을 그곳으로 이끌어가셨을까? 요단 동편에서 이런 상황에 부닥치게 함으로써 40년 방랑의 끝에 그들이 헤쳐나가야 할 일들을 미리 경험하게 하시기 위함이었다. 하나님이 주신 땅을 차지하려면 이스라엘 백성은 그곳을 거쳐 요단강을 건너가야만 했다. 하나님은 자신의 백성을 시험하고 계셨다. 이번에는 그들이 믿음으로 싸우게 될까? 그렇게 할 수 있다면, 승리가 주어질 것이고 그들은 (요단강을 건넌 후) 앞에 놓인 일들에 대해 확신과 믿음을 얻게 될 것이다.

얼마 전까지만 해도 이스라엘 백성은 꽁무니를 빼기 바빴다. 하지만 이번에는 달랐다. 모세는 이렇게 말한다. "우리 하나님 여호와께서 그[시혼]를 우리에게 넘기시매 우리가 그와 그의 아들들과 그의 모든 백성을 쳤고 … 우리 하나님 여호와께서 바산 왕 옥과 그의 모든 백성을 우리 손에 넘기시매 우리가 그들을 쳐서 한 사람도 남기지 아니하였느니라"(신 2:33; 3:3). 오랜 세월이 지나 아모스 선지자는 이날의 전투를 언급하면서 그 결과를 이렇게 묘사한다. "내[여호와]가 아모리 사람을 그들 앞에서 멸하였나니 그 키는 백향목 높이와 같고 강하기는 상수리나무 같으나 내가 그 위의 열매와 그 아래의 뿌리를 진멸하였느니라"(암 2:9).

이것이 바로 이스라엘이 두 번째로 기회를 얻어 시작된 정복 전쟁의 개략적인 출발점 이야기다. 하나님은 이스라엘 백성으로 하여금 자신들이 두려워하던 상대와 직면하게 하셨다. 지난 날에는 그 두려움 때문에 사십 년을 방황해야 했다. 그들에게는 자기 백성을 위해 홍해를 가르시던 하나님이 계셨다. 그때 그 경험을 되살려야 할 시점이었다.

"멸망시키다"

이스라엘은 시혼 및 옥과의 전쟁에서 승리했다. 여기서 우리는 왜 약속의 땅을 정복하는 일이 때때로 진멸을 수반했는지 그 이유를 최초로 확인하게 된다. 거인족 르바임의 본거지였던 도시들은 그 거주민 전부가 "멸망"당했다(신 3:6). 복수가 목적이 아니었다. 진짜 목적은 네피림의 혈통을 근절하는 데 있었다. 이스라엘 백성에게 이 거인족 혈통은 (반역을 저지르고 타락한) 신적 존재들에 의해 탄생한 악한 후손이었다. 이스라엘은 마귀의 후손들과 공존할 수 없었다.

시간이 흘러 이스라엘이 요단강을 건너 가나안에 당도하기 직전에 모세가 죽는다. 지도자의 권한이 여호수아에게로 승계된다. 여호수아는 이스라엘의 정복 전쟁에서 많은 수훈을 거두고, 그 승리는 내가 이번 장을 시작하면서 언급한 두 가지 요인에 의해 이루어진다. "너희를 대적하는 민족들을 내쫓으라. 그리고 그 과정에서 거인족 혈통은 진멸하라"는 것이다.

이러한 맥락에서 보면, 약속의 땅을 정복하는 일은 일종의 거룩한 전쟁(성전)이었다. 이것은 하나님을 대적하는 신들의 지배 아래 있던 어둠의 세력 및 원수들과 맞서는 전쟁이며, 성경이 말하는 그들은 실존하는 영적 존재들이었다.

여호수아 11:21-22에 정복 전쟁의 개요가 요약되어 있다.

> 그때에 여호수아가 가서 산지와 헤브론과 드빌과 아납과 유다 온 산지와 이스라엘의 온 산지에서 아낙 사람들을 멸절하고 그가 또 그들의 성읍들을 진멸하여 바쳤으므로 이스라엘 자손의 땅에는 아낙 사람들이 하나도 남지 아니하였고 가사와 가드와 아스돗에만 남았더라.

이것이 왜 중요한가

여호수아의 원정은 대부분 성공적이었지만, 완벽하지는 않았다. 소수의 거인족들이 달아났는데 그다지 중요해 보이지 않을 수도 있지만, 이것은 다가올 사건들의 복선이기도 했다. 살아남은 거인족 일부는 가드로 갔다. 가드는 블레셋 도시 중 하나가 되었고(수 13:3), 다윗 왕 시대에 골리앗의 고향이기도 했다(삼상 17:4). 가드에는 골리앗 이외에 다른 거인들도 있었다(대상 20:5-8). 사실 가나안 정복기에 거인족이 모조리 "멸망한" 것은 아니다. 이 시기에 하나님의 주요 지시 사항이 모두 완수된 것은 아니었고, 이로 인해 이스라엘 백성은 심각한 후폭풍을 겪게 되었다.

사사기는 여호수아 이후의 정복 전쟁이 여러 의미에서 완전하지 못했음을 우리에게 말해준다. 정복 전쟁은 결코 충분히 완수되지 못했다. 이스라엘 백성은 자신들이 충분히 했다고 판단했지만, 다른 민족을 모두 쫓아내라는 하나님의 명령에는 불순종했다. 부분적인 순종은 불순종과 다르지 않다.

> Supernatural
>
> 약속의 땅 정복은 일종의 거룩한 전쟁이었다. 이것은 하나님을 대적하는 신들의 지배 아래 있던 어둠의 세력 및 원수들과 맞서는 전쟁이며, 성경이 말하는 그들은 실존하는 영적 존재들이었다.

이스라엘은 하나님의 뜻을 철저히 수행하지 않기로 한 자신들의 결정에 따른 대가를 수백 년간 치를 것이다. 사사기는 거기에서 비롯된 끔찍한 악순환 과정을 되풀이해서 보여준다. 즉 이스라엘은 반복적으로 적대적인 민족에게 우겨

쌈을 당하고, 하나님을 향한 믿음과 신실함도 거의 잃어버린다. 다윗 왕과 그 아들 솔로몬 시대에 이르러 상황이 나아지긴 했지만, 솔로몬이 죽고 나서 이스라엘은 내분과 우상 숭배로 분열되고 만다.

가나안 정복의 영광은 이내 실패의 대서사로 끝나면서 그 빛을 잃고 말았다. 승리의 문턱에서 갑작스런 패배를 맞게 된 것이다. 하나님 나라의 통치(즉 에덴을 회복하려는 하나님의 구상)은 엉망이 되고 말았다. (믿음을 저버린 민족들이 악한 신들의 통치 아래 내버려진) 바벨탑 사건에서 비롯된 초자연적 세계관은 여전히 그대로였다. 하지만 이스라엘은 패배하여 흩어졌고, 약속의 땅은 다른 신들과 그 백성들의 지배 아래로 넘어갔다. 이 세계관은 신약성경에도 고스란히 남아 있다. 바울은 정사, 권세, 보좌, 능력 등과 같은 용어들을 사용해서 어둠의 권세들을 묘사한다. 고대에 이 용어들은 각각 지리적인 통치를 가리키는 데 사용되었다.

이스라엘 백성의 실패 원인은 하나님 백성으로서의 불순종과 불신앙에 있었다. 인간은 연약하다. 왜 하나님이 이런 우리 때문에 굳이 골치를 썩으시는지 의아할지도 모르겠다. 하지만 에덴을 떠올려보면, 그 이유를 알게 된다. 하나님은 친히 인류에게 자신의 일을 맡기셨다. 우리는 하나님의 형상 담지자이며, 그분의 지상 가족이다. 세상을 통치하려는 하나님의 계획에는 애초부터 우리가 포함되어 있었다. 그러므로 하나님이 천상회의를 통해 세상을 다스리는 일에 인간의 참여를 배제하신다면, 그것은 하나님이 능력이 부족하시다는 말이거나, 인간의 참여가 좋지 못한 생각이었다는 메시지를 전할 뿐이다. 하나님은 자신의 목적을 이루지 못할 만큼 무능한 분이 아니시다. 앞에서 살펴본 것처럼, 하나님은 실수하지 않으신다.

이제 죄와 실패라는 해묵은 문제에 대해 새롭게 접근할 때가 되었다. 인류는 에덴 왕국의 통치를 회복하는 일에 결코 신뢰감을 주지 못한다. 뭔가 해야 할 일이 있다면 오직 하나님만이 그 일을 하실 수 있다. 오직 하나님만이 언약의 요구를 만족시키실 수 있다. 하지만 인류가 배제되지는 않을 것이다. 대신에 하나님은 사람이 되셔야 했다. 하나님이 친히 율법과 언약들을 성취하고, 온 인류의 실패에 대한 형벌을 친히 감당하셔야 했다. 하지만 그 일은 어느 누구도 감히 상상할 수 없는 해결책이었으며, 그것은 그 일을 아무도 모르게 비밀에 부쳐야 함을 의미했다. 여기에는 하나님의 뜻에 대적하는 (지적 능력을 갖춘) 초자연적 존재들한테도 예외가 아니었다. 비밀을 지키는 것이 쉽지는 않을 것이다.

10. 숨겨진 계획

인류의 타락 이래로 하나님은 에덴을 향한 자신의 본래 목적(즉 하나님의 신적인 가족과 인간 가족이 이 땅에서 함께 살아가는 비전)을 회복하기 위해 줄곧 애쓰고 계셨다. 하나님은 아담과 하와에게 생육하고 번성하여 하나님의 선한 에덴 통치를 온 세상으로 확장하라고 말씀하셨다. 하나님은 온 세상이 하늘과 땅의 합류 지점이 되기를 바라셨다. 그곳에서 인류는 신적 존재들과 함께하고, 신적 존재들도 인류와 더불어 이 땅을 누릴 수 있었을 것이다. 그러나 우리는 하나님의 그런 소망이 어떻게 되었는지 잘 알고 있다.

실패의 역사

인류는 범죄하여 하나님의 임재 앞에서 쫓겨났다. 에덴은 굳게 닫혔다. 신적 존재인 원수, 곧 뱀도 하나님의 임재 앞에서 쫓겨나 죽음이 지배하는 곳, 생명이 영원히 살 수 없는 땅으로 내쳐지고 던져졌다. 뱀은 사망의 군주가 되었고, 장차 태어날 모든 인류에 대한 지배권을 행사하게 되었다. 모든 인류는 죄인이며, 죄의 삯은 사망이기 때문이다(롬 6:23).

대홍수 이후 하나님은 생육하고 번성하라는 에덴의 비전을 노아와 그 가족에게 다시금 심어주셨다. 성공에 대한 희망을 품은 일종의 재도전이었다. 하지만 인류는 또다시 반역했다. 하나님께 순종하여 하나님을 아는 지식과 하나님의 통치를 온 세상에 퍼뜨리는 대신, 인류는 거대한 탑을 세우고자 했다. 하나님이 자신들에게로 오실 수 있게 말이다.

다시금 실패가 반복되었고, 하나님은 그 일을 기뻐하지 않으셨다. 하나님은 민족들의 언어를 혼잡케 하시고, 자신의 천상회의 일원들에게 그 민족들을 넘겨버리셨다. 그러고 나서 하나님은 (아브라함과 사라를 통한) 새로운 인간 가족과 더불어 다시 시작하기로 하셨다. 하나님의 왕국 통치의 회복에 다시금 시동이 걸렸고, 하나님은 (이번에는 아브라함의 후손들을 통해) 민족들을 되찾으려 하셨다(창 12:3).

그러나 이것도 실패하고 말았다. 그래서 하나님은 다음 행보를 이어가시는데, 이스라엘을 애굽에서 이끌어 내어 시내산을 거쳐 최종적으로는 약속의 땅으로 인도하시는 계획이었다. 이스라엘은 또 실패했다. 결국 하나님은 다윗을 세우셨고, 그 다음엔 솔로몬을 일으켜 세우셨다. 하지만 솔로몬이 죽은 후에 이스라엘은 다른 신들을 좇았고, 내분을 일으켜 서로에게 달려들었다. 하나님은 약속의 땅에서 그들을 추방시켜 유배를 보내셨다.

하나님의 임재에서 등을 돌린 인류의 이야기는 점철된 실패의 역사다. 최초의 타락 이후로 인류는 계속해서 길을 벗어났다. 모든 인간은 불완전하고 하나님에게서 멀어졌다. 어떤 인간 지도자라 해도 그가 하나님 나라를 확립하고 지켜낼 수 있으리란 신뢰를 주지 못했다. 오히려 하나님을 향한 신실함을 저버릴 뿐이었다. 그들은 각기 제 길로 가기만 했다. 인간은 범죄로 실패하고 (하나님의 대원수인) 사망의 군주와 손을 잡으려 시도했다. 하지만 하나님의 비전은 청지기로 삼으신 왕들이 새 에덴을 다스릴 수 있게 복을 나눠주시는 것이었고, 그 비전은 인간 없이는 실현될 수 없었다. 그리고 인간이 하나님의 계획을 끝까지 붙들 수 있는 유일한 방법은 그들이 다시 새롭게 되는 것뿐이었다. 타락의 저주가 풀려야만 한다.

이에 대해서도, 하나님은 계획이 있으셨다.

해결책, 그리고 한 가지 문제

하나님에겐 한 사람이 필요했다. 그는 사람이되 사람 이상의 존재여야 했다. 유혹에 저항할 수 있고, 언제나 순종할 수 있으며, 왕의 자격을 충분히 갖추고, (자신의 권능만으로 죽었다가 다시 살아남으로) 죽음의 저주를 극복할 수 있어야 했다. 이 모든 일은 단 한 가지 방법으로만 가능했다. 즉 하나님이 친히 사람이 되시는 것이다. 하나님이 몸소 사람이 되셔서 온 인류를 위한 자신의 계획을 성취하고 에덴을 회복하고자 하셨다. 인류가 죄를 모두 용서받고, 부활의 능력으로 예수님과 같은 신적 존재로 변화될 때만(요일 3:1-3) 에덴은 현실이 될 수 있었다.

하지만 한 가지 문제가 있었다. 하나님이신 그 사람이 이 땅에서 죽고 부활하여 하나님의 원래 비전을 회복할 것이라는 계획이 미리 탄로난다면, 어둠의 권세들이 그냥 두고보지 않을 일이었다.

바울이 고린도 교회에 보낸 편지에서 밝힌 내용이 바로 그것이다.

> 오직 은밀한 가운데 있는 하나님의 지혜를 말하는 것으로서 곧 감추어졌던 것인데 하나님이 우리의 영광을 위하여 만세 전에 미리 정하신 것이라. 이 지혜는 이 세대의 통치자들이 한 사람도 알지 못하였나니 만일 알았더라면 영광의 주를 십자가에 못 박지 아니하였으리라(고전 2:7-8).

바울은 누구에 대해 말하고 있는 걸까? "통치자들"이란 단어는 본디오 빌라도와 유대 지도자들 같은 인간 권력자들을 가리킬 수 있지만, 바울은 또한 신적이고 마귀적인 권세들을 염두에 두고 이 단어를 사용하기도 한다(엡 2:2). 하나님의 계획은 인간 그리고 신적 존재들로 구성된 하나님의 원수들에겐 비밀에 부쳐져야 했다. 모든 것이 하나님이자 인간이신 그분의 죽음과 부활에 달려 있었기 때문이다.

하지만 어떻게 그 비밀을 지킨다는 말인가?

수수께끼 같은 메시아

에덴 회복의 열쇠를 쥔 그 신인(하나님-사람)은 물론 메시아인 나사렛 예수님이셨다. 그런데 이 메시아 계획이 비밀이었다는 내 주장에 당신은 놀라지 않았는가? 우리가 구약성경만을 읽고선 하나님의 계획을 온전히 파악할 수 없다는 말인가? 그렇다. 가능하지 않다.

믿지 못하겠지만, 구약성경에는 실제로는 하나님이셨으나 사람이 되셔서 인류의 죄를 대신해 죽을 자를 가리켜 메시아라는 단어를 사용한 어떤 사례도 존재하지 않는다. "고난받는 종"에 대해 묘사하는 이사야 53:11도 마찬가지다. 이사야 53장에 메시아라는 단어는 결코 나오지 않으며, 그 밖에 이사야서의 나머지 장들에 나오는 "종"은 한 사람의 구원자가 아니라 이스라엘 민족을 가리킨다(사 41:8; 44:1-2, 21; 45:4; 48:20; 49:3). "기름부음 받은 자"를 의미하는 메시아라는 단어는 거의 항상 다윗 왕 또는 그 뒤를 이어 왕으로 다스린 다윗 자손 중 하나를 가리킨다.

"죽었다가 다시 살아나는 신적 존재로서 메시아의 프로필을 구약성경에선 찾아볼 수 없다"는 내 주장의 근거는 신약에서 뚜렷하게 드러난다. 예수님이 예루살렘에 올라가 죽임을 당할 것이라고 제자들에게 말씀하셨을 때 그들이 보인 반응을 보라. 예수님의 선포에 제자들은 그 말씀이 무슨 뜻인지 몰라 혼란스러워하며 근심한다(마 17:22-23; 막 9:30-32). 그들은 "네! 그렇군요. 우리도 성경에서 보았습니다"라고 말하지 않는다. 베드로는 심지어 예수님을 붙들고 결코 그런 일이 있어서는 안 된다며 항변하기까지 한다(마 16:21-23).

이러한 하나님의 새 계획에 대해 제자들은 조금도 이해하거나 눈치채지 못하고 있다는 사실을 자신들의 반응으로 드러낸다. 그들은 예수님을 단지 다윗의 자손이자 다윗의 보좌를 이을 적통 계승자로, 또한 구약의 선지자들처럼 기적을 행하는 누군가쯤으로만 생각했다.

심지어 예수님의 부활 이후에도 제자들은 고난 받는 메시아에 대한 깨달음을 얻기 위해 초자연적인 방식으로 눈이 열리는 체험을 해야 했다. 죽음에서 부활하신 예수님은 제자들에게 나타나 이렇게 말씀하신다.

> 내가 너희와 함께 있을 때에 너희에게 말한 바 곧 모세의 율법과 선지자의 글과 시편에 나를 가리켜 기록된 모든 것이 이루어져야 하리라 한 말이 이것이라 하시고 이에 그들의 마음을 열어 성경을 깨닫게 하시고(눅 24:44-45).

(최초의 타락으로 말미암은 저주를 되돌리기 위해 사람이 되신 하나님이 죽으셨다가 죽음에서 부활하리라는) 하나님의 "새 계획"은 구약에서 전혀 드러나지 않는다. 다만 그 단서들이 구약 전체에 여기저기 흩어져 있을 뿐이다. 어느 한 곳에 집중되어 있지 않다. 메시아의 프로필은 모든 사건이 성취되고 나서야 뒤늦게 또렷해지며, 그것도 장차 무슨 일이 일어날지 알고 있는 자들에게만 확인 가능한 일이다.

물론 지적 능력을 갖춘 초자연적인 악한 존재들은 다윗의 예언된 자손이 올 것을 알고 있었다(마 8:28-29; 눅 4:31-35). 그들이 구약성경을 통해 간파할 수 있었던 정보는 딱 그만큼이었다. 우리는 귀신들이 하는 말에서, 이 땅에 오신 예수님이 죽임 당하시고 부활하심으로 저주를 역전시킬 것으로 그들이 이해했다는 인상을 전혀 받을 수가 없다.

> Supernatural
>
> 마귀 및 그와 결탁한 자들은 아주 많았고, 그들 모두가 바보는 아니었다. 그럼에도 그들은 속아서 예수님을 죽이기에 이르렀고, 모든 것은 하나님이 계획하신 대로 흘러갔다.

바울이 말했듯이, 사탄과 귀신들이 딱 그만큼만 이해했기에, 예수님이 죽기를 바라는 유다 같은 사람들을 부려 배신의 길을 걷게 만들었던 것이다. 그렇지 않고 더 깊은 비밀을 알았더라면, 그들이 (예수님을 십자가에 못박아 죽이는) 그런 짓을 자행하진 않았을 것이다. 마귀 및 그와 결탁한 자들은 아주 많았고, 그들 모두가 바보는 아니었다. 그럼에도 그들은 속아서 예수님을 죽이기에 이르렀고, 모든 것은 하나님이 계획하신 대로 흘러갔다. 그들이 의도했던 일련의 사건들은 (의도와 달리) 자신들을 멸망으로 끌고들어갔다. 하나님이 계획하신 신적인 오도하심이었다.

프로필의 파편들

뒤늦게서야 우리도 (제자들이 가능했던 것보다 더) 또렷하게 메시아 프로필의 조각들을 알아볼 수 있게 되었다. 다윗의 신적인 아들, 곧 메시아가 저주를 역전시키기 위해 죽었다가 부활하리라는 사실을 설명하는 본문은 구약에 없지만, 우리는 구약 전체에 흩어져 있는 실마리들을 확인할 수 있다. 하나님의 계획이 어떻게 실행되었는지 알기에, 우리는 그 실마리들을 하나씩 따라가며 구약 속 일정한 패턴을 찾을 수도 있다.

이를테면, "하나님의 아들은 누구인가?"라고 질문해보자. 구약에서 그 대답을 찾아야 한다면 "예수님"이라고 말할 순 없다. 아담이 하나님의 아들이자 최초의 사람이었다. 이스라엘도 하나님의 아들이라 불리며(출 4:23; 호 11:1), 이스라엘 왕도 하나님의 아들이라 불린다(시 2:7). 신약에 와서야 예수님은 "둘째 아담"이자 "하나님의 아들"로 불린다(롬 1:4; 고전 15:45; 고후 1:19; 히 4:4).

우리는 "하나님의 종은 누구인가?"라고 질문할 수 있다. 아담은 하나님을 섬겼다(창 2:15). 이스라엘도 하나님의 종으로 불렸다(사 41:8; 44:1-2, 21; 45:4; 48:20; 49:3). 다윗과 그의 계보를 잇는 다른 이스라엘 왕들도 하나님의 종으로 불렸다(삼하 3:18; 시 89:3; 왕상 3:7; 대하 32:16). 예수님도 종이셨다(행 3:13; 4:30; 빌 2:1-8).

하나님의 아들들과 하나님의 종들은 고난받았는가? 그들의 세상살이는 어느 순간 끝이 났는가? 그들의 존재가 새롭게 갱신되었는가? 그들에게 새 에덴에서의 미래가 있는가? 이 질문들의 대답은 모두 "그렇다"이다. 아담, 이스라엘 그리고 다윗 계열의 왕들은 모두 하나님의 임재 앞에서 쫓겨났다. 하나님의 지상 처소인 에덴과 약속의 땅에서 말이다. 그럼에도 그들은 새 에덴에서 하나님과 부활하신 예수님과 더불어 살도록 구속받았고, 또 구속받게 될 것이다.

중요한 것은 이 모든 인물들이 어떤 방식으로든 예수님

을 가리키고, 예수님에게 이르러 그 패턴이 완성된다는 점이다. 구약 곳곳에 놓인 퍼즐 조각을 발견하고 그 조각들을 제각기 알맞은 위치에 놓게 될 때 비로소 예수님이라는 하나의 큰그림을 볼 수 있다. 모든 것이 눈에 잘 띄는 곳에 있지만, 신약을 통해 돌이켜 상고하지 않으면 결코 발견할 수 없다.

이것이 왜 중요한가

지적 능력을 갖춘 악한 존재들(즉 사탄, 귀신, 그리고 민족들을 다스리는 하등한 신들)이 모든 것을 알지는 못한다. 그들은 하나님의 생각을 따라올 수 없고 간파하지도 못한다. 우리는 그들이 초자연적 존재들이므로 응당 모든 것을 알고 있었으리라 가정하는 경향이 있다. 그것은 사실이 아니다. 오직 하나님 한 분만 전지하시다. 단지 그 하나님이 다행스럽게도 우리 편에 계셨다.

최초의 타락 이후 사탄은 우리에 대한 합법적인 사법권을 행사했다. 이 말의 의미가 무엇일까? 아담의 죄로 인해 "사망이 모든 사람에게 이르렀다"(롬 5:12)는 것이다. 사탄은 저주를 받고 내쳐짐을 당해, 죽은 자의 영역을 다스리게 되었다. 그곳은 지하 세계, 즉 우리가 지옥이라 부르는 곳이다. 타락으로 인해 모든 사람은 죽음을 맞고 마귀가 다스리는 죽은 자의 영역으로 들어갈 운명에 처했다.

예수님이 첫 번째로 오셔서 십자가에서 죽으시고 죽은 자 가운데서 부활하심으로 하나님의 구원 계획을 성취하셨을 때, 이 모든 것이 뒤집어졌다. 에덴 회복의 첫 단계는 인류에게 죽음의 저주로부터 벗어날 방편을 제공하는 것이다. 하나님의 가족과 나라의 일원이 된 모든 신자는 더이상 죽음의 저주와 사망의 군주에게 사로잡히지 않게 된다. 바로 이런 이유에서 예수님은 하나님 나라 회복을 위한 자신의 사역을 시작하실 때(눅 10:1-9), "사탄이 하늘로부터 번개 같이 떨어지는 것을 내가 보았노라"(눅 10:18)고 말씀하셨다. 예수님은 자신의 죽음과 부활이 죄인들의 빚을 탕감하고, 사탄이 더 이상 우리 영혼의 소유권을 주장하지 못하게 될 것을 아셨다. 하나님 나라의 도래는 사망의 군주에게는 종말의 시작이었다.

우리는 다시금 우리가 누구이며, 우리의 정체성이 어디서 비롯되는지를 기억해야 한다. 교회는 신자들의 모임으로서 그리스도의 몸이라고 불린다. 그리고 예수님의 몸은 일으키심을 받았다. 예수님이 부활하셨기에 우리 역시 일으키심을 받을 것이다(고전 15:20-23). 부활하신 예수님은 죽은 자들의 맏아들이시다. 우리는 "하늘에 기록된 장자들의 모임"이다(히 12:22-24). 요한이 말한 것처럼, "영접하는 자 곧 그 이름을 믿는 자들에게는 하나님의 자녀가 되는 권세를 주신다"(요 1:12). 사탄은 하나님의 자녀에 대해 더이상 어떤 것도 주장하지 못한다. 왜냐하면 그들은 죽음에서 일어날 것이기 때문이다. 죽은 자의 영역에서 살아 있는 자를 찾을 하등의 이유가 없다.

하나님은 자신의 숨은 생각을 아무에게도 드러내지 않으셨다. 그것이 사람이든 신적 존재든, 충성하는 자든 대적하는 자든 가리지 않고 말이다. 어떻게 메시아가 하나님의 목적을 성취할 것인가에 대한 구체적인 내용은 비밀에 부쳐져야 했다. 하지만 메시아가 나타나시면, 하나님은 그들 모두가 결코 놓칠 수 없는 방식으로 모든 것을 알게 하실 것이다. 메시아는 육체를 입으신 하나님이시며, 에덴 왕국의 회복은 막바지에 접어들 것이다. 다음 두 장에서 살펴보겠지만, 메시아에 관한 이 진리는 사람들의 마음에 믿음의 불꽃을 피울 뿐 아니라 어둠의 권세들로 하여금 스스로 자멸에 이르게 할 만큼 충분한 정보가 될 것이다.

11.
초자연적 의도

앞에서 우리는 어떻게 구약성경이 단순한 시각으로는 볼 수 없게끔 메시아를 제시하는지 살펴보았다. 에덴을 회복하고 인류를 구속하시려는 하나님 계획의 핵심은 메시아이신 예수님이 십자가에서 죽었다가 부활하시는 것이다.

다윗의 계보를 잇는 인간 왕이 죄에 빠지거나 영적으로 탈선하지 않으면서도 자기 백성을 다스릴 유일한 방법은 하나님이 친히 사람이 되시는 것뿐이다. 오직 그 왕이 자기 백성을 대신해 죽었다가 부활하는 경우에만 하나님이 정당하게 죄를 심판하실 수 있고 더불어 모든 사람에게 구원을 제공하실 수 있다. 타락한 백성은 오직 메시아의 죽음과 부활을 통해서만 하나님이 주관하시는 가족 회의의 자리에 들어가 (하나님이 본래 계획하신 대로) 새롭게 된 에덴 왕국에서 다스릴 수 있다.

하지만 여기에는 단서가 붙어 있다. 예수님은 어떻게든 초자연적인 어둠의 권세들이 스스로 무슨 일을 저지르는지 이해하지 못한 채 사람들을 조종해서 자신을 죽이도록 만드셔야만 한다. 바울이 고린도 교회에 전한 것처럼(고전 2:6-8), 만일 실제로 어떤 결과가 있을지 안다면 어둠의 권세들은 결코 주님을 십자가에 못 박으려 하지 않을 것이다.

예수님의 생애와 사역은 이런 배경에 비추어 살펴볼 때 더 잘 이해할 수 있다. 그런데도 신약의 독자들은 예수님의 사역이 어쩌다 우연히 십자가로 향하게 되었다는 인상을 받곤 한다. 실제로 네 권의 복음서가 언제나 서로 일치하는 이야기만 전하고 있진 않기 때문이다. 예를 들어, 예수님의 탄생 기사는 단지 두 복음서(마태복음과 누가복음)에만 실려 있고, 동방박사들은 마태복음에만 언급된다(마 2장). 어떤 사건들은 복음서에서 순서가 서로 다르게 나오기도 한다. 그럼에도 불구하고 십자가의 죽음으로 향하시는 (모든 복음서가 전하는) 예수님의 행적(즉 병자를 고치시고, 하나님나라에 관해 설교하시고, 사람들의 죄를 용서하시고, 종교 지도자들의 위선을 지적하시는 모습)은 어쩌다 일어난 우연한 사건 기록이 아니다. 우연히 길을 떠났다가 가끔은 기적을 일으키는 어느 현자에 대한 기록이 아니란 말이다. 복음서에 담긴 이야기에는 우리가 맨눈으로 살피는 것보다 훨씬 많은 것들이 진행되고 있다. 예수님의 행적에는 보다 중요한 의미가 숨어 있다.

악의 허를 찌르기

예수님의 세례 장면은 공생애의 시작을 알리는 전형적인 사건이다. 이때 하나님은 공개적으로 예수님을 자신의 아들이라 선언하시고(막 1:11), 세례 요한은 예수님이 "세상 죄를 지고 가는" 자(요 1:29)임을 밝힌다. 요한복음의 이 대목에서 우리는 즉각 십자가 사건을 떠올린다. 하지만 요한의 제자들은 그렇지 않았다. 솔직히 말해, 당시에는 아무도 그렇게 생각하지 않았다. 세례를 받으시고 3년이 지나 사역 막바지에 이르렀을 때야, 예수님은 비로소 자신의 죽음에 대해 말씀하셨지만, 제자들은 이를 받아들이지 않았다(마 17:22-23; 막 9:30-32). 제자들은 주님에게서 자신이 곧 죽임을 당하리란 예언의 말씀을 들을 것이라곤 전혀 기대하지 않았다. 그건 말도 안 되는 소리였다. 그들은 예수님의 십자가 죽음이 태초에 시작된 계획이라는 사실을 이해하지 못했다. 그들은 왜 그걸 몰랐을까? 우리가 앞서 논의했던 것처럼 구약성경에는 그 계획이 명약관화하게 드러나지 않기 때문이다.

예수님은 세례를 받으신 직후 성령에 의해 광야로 이끌려 사탄과 대면하신다(마 4:1; 막 1:12; 눅 4:1-13). 마귀가 예수님을 시험하기 위해 찾아온 것을 보면, 사탄은 예수님의 정체에 대해선 알았던 것이 분명하다. 즉 사탄은 예수님이 이 세상에 하나님의 "본국 통치"를 다시 실현할 사명을 수행 중인 메시아임을 알았다. 결국 "기름부음 받은 자"(메시아)가 다윗 혈통의 왕이 될 것이다. "이 세상의 임금"(요 12:31)으로서 사탄은 자신이 지배하는 영토를 예수님이 겨냥하고 계심을 알았다. 이 영토란 옛적에 하나님이 이스라엘을 세우시기 전 바벨에서 내버리셨던 민족들을 가리킨다(신 4:19-20; 32:8-9).

우리는 예수님과 사탄이 대면하는 장면을 잘 알고 있다. 사탄은 예수님을 세 번 유혹한다(마 4:3-11). 사탄이 예수님과 하나님의 관계를 깨트리기 위해 짜낸 세 번째 계략은, 하나님의 아들이란 자에게 친하만국을 내주는 것이다(마 4:8-9). 바로 예수님이 되찾으려 하시는 것임을 사탄은 짐작하고 있었다.

> 마귀가 또 그를 데리고 지극히 높은 산으로 가서 천하 만국과 그 영광을 보여 이르되 만일 내게 엎드려 경배하면 이 모든 것을 네게 주리라(마 4:8-9).

사탄은 하나님의 계획을 교묘하게 바꿔서 제안한다. 그래도 그것은 하나님이 기대하신 결과를 가져다줄 것이다. 하나님이 상속권을 박탈하고 내쫓으셨던 민족들을 되찾으시는 일 말이다. 그러면 사명은 완수된다. 예수님은 단지 하나님 대신 사탄에게 경배하기만 하면 된다.

사탄의 제안을 보면, 하나님의 계획이 예수님의 죽음을 요구하고 있음을 사탄 스스로도 아직 깨닫지 못했음을 보여준다. 예수님 역시 그 계획을 사탄에게 흘리지 않으신다. 예수님은 자신이 거절하는 이유도 일체 설명하지 않으신다. 예수님은 그저 사탄에게 물러가라고 말씀하신다. 하나님은 자신이 원하시는 때에 원하시는 방식으로 자신의 소유를 되찾으실 것이다. 예수님의 사명은 단지 민족들을 되찾아 통치하는 것에 있지 않았다. 가족을 재건해야 했다. 이스라엘만 가족으로 세울 뿐 아니라 열방에서 백성들을 불러내 가족으로 삼는 것이다. 그 일이 실현된다는 것은, 반드시 죄의 대속이 있어야 함을 의미한다. 본래 계획대로라면 하나님의 통치에 그분의 자녀들이 참여하게 될 것이다. 그렇게 인류를 구속하고 나아가 하나님의 계획을 원래대로 돌려놓는 일의 핵심은 십자가 죽음이었다. 예수님은 사탄에게 넘어가지 않으실 것이다. 때가 되면 오히려 마귀가 허를 찔리게 될 것이다.

에덴 맛보기

광야의 시험 직후에 예수님은 두 가지를 행하신다. 첫 제자들을 부르시고(베드로, 안드레, 야고보, 요한), 귀신들린 사람을 고치신다(막 1:16-28; 눅 4:31-5:11). 제자들을 부르시고 치유하시는 일은 계속되고, 하나의 패턴을 띠기 시작한다. 더 많은 제자들을 부르셨을 때, 예수님은 그들에게 모든 귀신을 제어하며 병을 고치는 능력과 권위를 부여하신다(눅 9:1-5).

예수님이 처음에 부르신 제자는 열둘이다. 이 숫자는 우연이 그렇게 된 게 아니며, 이스라엘 열두 지파와 짝을 이룬다. 예수님의 왕국 실현 계획에는 이미 이스라엘이 포함돼 있었다. 그들은 열방 가운데서 택함 받은 하나님의 분깃이다(신 32:8-9). 훗날 바울도 복음의 전파를 이와 동일한 관점에서 보게 된다. 이는 복음이 유대인과 더불어 시작되고, 그다음에 이방인에게로 향하는 방식이다(롬 1:16-17).

예수님은 열두 명에서 그치지 않으신다. 누가복음 10장에서 예수님은 70명을 더 부르시고 그들에게 병을 고치고 귀신을 내쫓는 권세를 위임하신다(눅 10:1, 9, 17). 그 숫자 역시 우연이 아니다. 이 숫자는 창세기 10장에 기록된 민족들의 수와 일치한다. 이 민족들은 하나님이 바벨탑 사건을 계기로 내버리시면서 하등한 신들의 지배 아래 두신 열국을 가리킨다(신 4:19-20; 32:8-9). 몇몇 번역본에는 이 구절들에 70보다 많은 72라고 되어 있다. 그것은 구약의 일부 고대 필사본에서 창세기 10장의 열국들의 이름을 72개까지 합하는 방식으로 제시하기 때문이다. 무엇이 맞든지 상관없이, 핵심은 변하지 않는다. 즉 파송된 제자는 창세기 10장에 등장하는 열국의 숫자와 짝을 이룬다. 열두 제자를 부르신 사건이 이스라엘에 하나님 나라가 임했음을 알리는 신호라면, 70명의 제자 파송은 하나님 나라가 (바벨탑 사건을 계기로 내버리신) 민족들을 되찾으실 것임을 알리는 신호가 된다.

> **Supernatural**
>
> 대반전이 시작되었다는 뜻이다. 일단 사람들이 예수님께 속하게 되면, 사탄은 더 이상 인류에 대한 권리를 주장할 수 없을 것이다.

70명이 돌아왔을 때(눅 10:17), 예수님은 이렇게 말씀하신다. "사탄이 하늘로부터 번개같이 떨어지는 것을 내가 보았노라"(눅 10:18). 이 메시지는 매우 극적이다. 대반전이 시작되었다는 뜻이다. 일단 사람들이 예수님께 속하게 되면, 사탄은 더 이상 인류에 대한 권리를 주장할 수 없을 것이다. 하나님께 접근하여 "신자들을 참소하는"(계 12:10) 일은 이제 끝난다. 그는 이제 사건을 배당받지 못하는 검사로 전락한다.

나를 데리러 오라

예수님은 3년간 하나님 나라의 도래에 대해 말씀하시고, 사람들에게 하나님의 사랑을 보여주시며, 에덴으로 회복된 세상에서의 삶이 어떨지에 대해 자세히 가르치신 후에 (자신의 진짜 목적인) 마지막을 준비하기 시작하신다.

예루살렘으로 향하는 마지막 여정 직전에, 예수님은 제자들을 이스라엘 북쪽 끝지역으로 데리고 가신다. 예수님은 거기서 십자가 죽음의 필요성을 부각시킬 필요가 있으셨다. 게다가 그곳은 초자연적 권세들에게 도전장을 던지는 데 최적의 장소이기도 했다.

예수님은 가이사랴 빌립보라 불리는 곳으로 제자들을

데려가신다. 가이사랴 빌립보는 로마식 이름이다. 구약 시대에는 그곳을 바산이라 불렀다. 우리는 앞서 이 장소에 대해 언급한 적이 있다. 9장에서, 바산은 죽은 자의 영역, 즉 지옥으로 향하는 관문으로 간주되었다. 가이사랴 빌립보는 헤르몬산 기슭에 위치해 있었고, 유대인의 사고에 따르면 헤르몬산은 창세기 6:1-4에서 하나님의 아들들이 반역을 일으키고 세상에 내려왔던 바로 그 장소다. 간단히 말해서 구약 시대에 바산과 헤르몬 산은 악한 우주적 세력들의 근거지였다.

바로 이곳에서 예수님은 유명한 질문을 던지신다. "너희는 나를 누구라 하느냐?"(마 16:15). 베드로가 대답한다. "주는 그리스도시요, 살아계신 하나님의 아들이시니이다"(16절). 예수님은 그를 칭찬하시며 이렇게 덧붙이신다.

> 바요나 시몬아 네가 복이 있도다. 이를 네게 알게 한 이는 혈육이 아니요 하늘에 계신 내 아버지시니라. 또 내가 네게 이르노니 너는 베드로라 내가 이 반석 위에 내 교회를 세우리니 지옥의 문(개역개정, "음부의 권세")이 이기지 못하리라(17-18절).

예수님이 언급하신 "반석"(rock)의 정체에 대해 수백 년간 논쟁이 이어졌다. 이 단어를 이해하는 핵심은 그 지역의 지리적 조건에 있다. 가이사랴 빌립보는 바산 지역의 북쪽 끝에 위치해 있다. 구약 시대에 이 지역은 죽은 자들의 영역으로 들어가는 관문이 있는 곳으로 여겨졌다. 가이사랴 빌립보는 산의 기슭에 있다. "반석"은 바로 그 산을 가리킨다. "지옥의 문"(개역개정, "음부의 권세")은 예수님과 제자들이 서 있던 바로 그곳을 가리킨다.

예수님은 이 발언을 함으로써 어둠의 권세들에게 도전하고 계셨던 것이다. 인류는 타락으로 인해 하나님과 함께하는 영생을 잃어버리고, 대신 죽음이라는 형벌과 하나님으로부터 영원히 분리되는 운명을 맞았다. (사탄과 마귀로도 알려진 옛 뱀인) 사망의 군주의 지배 아래 놓였다. 모든 인간은 한 사람도 예외 없이 죽은 자들의 영역으로 들어가 그에게 합류할 수밖에 없었다. 하지만 하나님의 생각은 달랐다. 인류가 저지른 죄의 대가를 치르도록 예수님을 보내겠다는 비밀스런 계획을 품으셨고, 그 계획은 지옥의 문을 부수는 정면 공격이 될 것이다. 사망의 군주와 그의 세력들은 하나님 나라를 견뎌내지 못할 것이다. 요약하면, 마태복음 16장 장면에서 예수님은 마귀의 문전에 다가가 그의 지배권에 도전장을 내미신 것이다. 예수님은 사탄에게 도발하려 하셨다. 왜 그러셨을까? 예수님은 하나님의 비밀 계획의 실행을 위해 자신이 죽어야 하는 때라고 판단하셨기 때문이다.

마치 구두 도전장으로 충분하지 않다는 듯, 예수님은 한 걸음 더 나가신다. 마태, 마가, 그리고 누가는 그 다음에 이어지는 예수님의 변모 사건(transfiguration)을 기록으로 남겨놓았다. 마가복음 9:2-8을 살펴보자.

> 엿새 후에 예수께서 베드로와 야고보와 요한을 데리시고 따로 높은 산에 올라가셨더니 그들 앞에서 변형되사 그 옷이 광채가 나며 세상에서 빨래하는 자가 그렇게 희게 할 수 없을 만큼 매우 희어졌더라. 이에 엘리야가 모세와 함께 그들에게 나타나 예수와 더불어 말하거늘, 베드로가 예수께 고하되 랍비여 우리가 여기 있는 것이 좋사오니 우리가 초막 셋을 짓되 하나는 주를 위하여, 하나는 모세를 위하여, 하나는 엘리야를 위하여 하사이다 하니, 이는 그들이 몹시 무서워하므로 그가 무슨 말을 할지 알지 못함이더라. 마침 구름이 와서 그들을 덮으며 구름 속에서 소리가 나되 이는 내 사랑하는 아들이니 너희는 그의 말을 들으라 하는지라. 문득 둘러보니 아무도 보이지 아니하고 오직 예수와 자기들뿐이었더라.

변모 사건은 헤르몬산에서 발생한다. 예수님은 베드로,

야고보, 그리고 요한에게 자신이 누구인지를 정확히 드러내시려고 바로 그 장소를 택하셨다. 예수님은 하나님의 영광의 화신이라는 것이다. 예수님은 사탄과 어둠의 권세들에게 통보하고 계셨다. "나의 것을 되찾기 위해 이 세상에 왔다. 하나님 나라가 가까이 왔다." 바꿔 말하면, "내가 여기 있다. 이제 너희의 일을 하라"고 하신 것이다.

예수님이 예루살렘으로 향하고, 제자들에게 자신이 예루살렘에서 죽게 될 것을 말씀하기 시작한 시점이 변모 사건 직후라는 사실은 결코 우연이 아니다. 제자들은 그 말을 듣고 싶어 하지 않았다. 하지만 예수님은 사탄과 나머지 악의 권세들이 행동을 취하도록 미끼를 던지셨다. 그분을 제거해야 할 긴장이 조성되었다. 그리고 그것이 바로 예수님이 원하시던 바였다. 그분의 죽음이 모든 것의 핵심이었다.

이것이 왜 중요한가

예수님은 분명한 의도와 함께 사역을 시작하셨다. 예수님은 이 땅에 하나님 나라를 회복시키는 일에 자신의 역할을 분명히 아셨고, 그 나라는 예수님이 다시 오시는 날(즉 전지구적 에덴을 선포하는 날)까지 확장될 것이다.

우리의 삶이 예수님의 경우처럼 (하나님 나라에서) 핵심적이진 않겠지만, 우리 각자에겐 (제자들처럼) 해내야 할 역할이 있다. 그런 믿음으로 살아가야 한다. 하나님의 가족 회의의 일원으로 편입된 신자들은 관람객이 아닌 관계자다(골 1:13).

예수님은 에덴이 어떤 곳이었는지, 하나님과 함께하는 삶이 어떠한지 사람들에게 알게 하려는 분명한 의도도 갖고 계셨다. 하나님의 가족으로, 하나님의 통치 안에 있을 때, 그곳에는 어떠한 질병도, 육체의 불완전함도 없을 것이다. 적대적인 세력도 없을 것이다. 하나님의 궁극적인 나라는 동산보다 크고 이스라엘보다 넓다. 하나님 나라는 전지구적 규모가 될 것이며 모든 민족(열방, 열국)이 포함될 것이다. 모든 것은 에덴, 즉 이 땅에 세워졌던 천국과 같을 것이다.

우리의 과제는 예수님을 닮는 것이다. 우리는 예수님처럼 하나님의 형상 담지자인 우리 동료들의 육체와 영혼을 돌볼 수 있다. 그럴 때 사람들은 왕이신 하나님에 대한 믿음을 얻고 신실한 삶의 결단을 내리게 될 것이다. 메시아가 행하신 일 가운데 "마음이 상한 자를 고치며" "포로된 자에게 자유를 선포하는" 일에 꼭 초자연적인 권세가 필요한 것은 아니다(사 61:1). 하지만 이런 일들은 본질상 초자연적 행위에 속

> **Supernatural**
>
> 우리가 아무런 친절을 베풀지 않는다면, 성령은 누군가의 마음을 움직이는 데 결코 우리를 쓰지 않으실 것이다. 복음을 실천적으로 표현하지 않으면 아무 열매도 얻지 못할 것이다.

한다. 이런 일을 하려면 어둠에 저항하며 전략적 시각을 갖춰야 한다. 그러나 우리가 아무런 친절을 베풀지 않는다면, 성령은 누군가의 마음을 움직이는 데 결코 우리를 쓰지 않으실 것이다. 복음을 실천적으로 표현하지 않으면 아무 열매도 얻지 못할 것이다. 복음을 전하는 것과 선을 행하는 것, 그 둘은 서로를 약화시키지 않는다. 이것이 바로 신자들이 닮아가야 할 모습이며 하나님 나라 비전의 직무 설명서다.

마지막으로 우리는 지적 능력을 갖춘 악에게도 한계가 있을 뿐 아니라 하나님 나라의 비전과 그것이 실현되는 일에 속수무책으로 당할 것임을 기억해야 한다. 예수님은 이미 "하나님 우편에 계시니 천사들과 권세들과 능력들이 그에게 복종[한다]"(벧전 3:22). 우리는 "이미 그러나 아직 아닌" 상태에 있는, 그분의 공동 통치자다(골 3:1; 딤후 2:12; 계 2:26; 3:21). 지옥의 문은 교회가 이 땅의 하나님 나라로서 확장되고 완성되는 것을 결코 견뎌내지 못할 것이다. 이 대반전에 참여하느냐 마느냐는 우리 선택에 달렸다.

12. 구름 탄자

나는 앞 장을 마무리하면서 예수님이 지옥의 문과 헤르몬 산에서 어둠의 권세들에게 미끼를 던지신 직후에 자신의 죽음에 대해 어떻게 말하기 시작하셨는지를 언급했다. 예수님이 던진 도전장은 즉각 효력을 발휘하고, 결국 예수님의 재판과 십자가 죽음에 이르게 할 일련의 사건들로 이어진다. 그리스도인들은 대부분 예수님의 재판에 대해 여러 차례 읽어보았을 것이다. 하지만 거기에 초자연적인 배경이 자리하고 있음을 종종 간과하곤 한다.

예수님이 유대 당국자들에 의해 사형 선고를 받고 이어서 본디오 빌라도에게 넘겨져 사형 집행이 이루어지게 된 결정적 동인이 무엇인지 이해하기 위해서는 구약의 다니엘서로 돌아가야 한다. 거기서 하나님이 천군, 곧 하늘의 무리들과 더불어 천상회의를 주재하시는 장면을 살펴보아야 한다.

옛적부터 항상 계신 이와 그의 천상회의

다니엘 7장은 특이한 환상으로 시작한다. 다니엘은 바다에서 올라오는 네 짐승을 본다(단 7:1-8). 생김새가 모두 괴이한데, 그중에서도 네 번째 짐승은 최악이다. 구약 성경에 나오는 여러 꿈의 해석을 보면, 꿈에 등장하는 어떤 사물이나 생물은 항상 무언가를 상징한다. 이 꿈에서 다니엘의 환상에 등장하는 네 짐승은 네 제국을 가리킨다. 우리가 그것을 알고 있는 이유는 다니엘 7장의 환상이 다니엘 2장에 나오는 느부갓네살의 꿈이 나타내는 주제, 즉 바벨론과 이에 후속하는 세 제국에 대한 내용과 유사하기 때문이다. 그럼에도 불구하고 우리의 초점은 다니엘이 그다음에 묘사하는 장면으로 모아진다.

> 내가 보니 왕좌가 놓이고 옛적부터 항상 계신 이가 좌정하셨는

> 데, 그의 옷은 희기가 눈 같고 그의 머리털은 깨끗한 양의 털 같고 그의 보좌는 불꽃이요 그의 바퀴는 타오르는 불이며 불이 강처럼 흘러 그의 앞에서 나오며 그를 섬기는 자는 천천이요 그 앞에서 모셔 선 자는 만만이며 심판을 베푸는데 책들이 펴 놓였더라(단 7:9-10).

우리는 옛적부터 항상 계신 이(the Ancient of Days)가 이스라엘의 하나님임을 안다. 특히 에스겔 1장에 나오는 하나님 보좌의 묘사 대목과 비교하면 이 점을 쉽게 확인할 수 있다. 에스겔의 환상에 등장하는 불, 바퀴, 보좌에 앉은 사람의 형체가 다니엘의 것과 동일하다.

하지만 다니엘의 환상에는 단지 보좌 하나만 나오는 것이 아님을 알아챘는가? 그곳에는 많은 수의 보좌들이 놓여 있었다(단 7:9, 개역개정은 단수 형태 "왕좌"로 번역했으나 새번역은 "옥좌들", 현대인의성경은 "왕좌들"로 번역했다). 신들의 궁정, 즉 하나님의 천상회의(단 7:10)를 수용할 만큼 많은 보좌들이다.

이 환상에 따르면 천상회의가 짐승들(제국들)의 운명을 결정하기 위해 소집된다. 그 결과, 네 번째 짐승이 반드시 죽임당하고 다른 짐승들은 권세를 잃는다(단 7:11-12). 그들은 다른 왕과 다른 나라에 의해 대체될 것이다. 바로 이 지점에서 상황이 좀더 흥미롭게 흘러간다.

구름을 타고 오는 인자

다니엘은 자신이 본 환상을 계속 전한다.

> 내가 또 밤 환상 중에 보니 인자 같은 이가 하늘 구름을 타고 와서 옛적부터 항상 계신 이에게 나아가 그 앞으로 인도되매 그에게 권세와 영광과 나라를 주고 모든 백성과 나라들과 다른 언어를 말하는 모든 자들이 그를 섬기게 하였으니 그의 권세는 소멸되지 아니하는 영원한 권세요 그의 나라는 멸망하지 아니할 것이니라(단 7:13-14).

"인자"(son of Man)는 구약성경에서 여러 차례 사용된 어구다. 이것이 한 인물을 가리킨다는 점은 그리 놀랍지 않다. 놀라운 사실은 본문에서 이 인물이 어떤 존재로 묘사되느냐에 있다. 다니엘 7:13은 구름을 타고 와서 옛적부터 항상 계신 이에게 나아가는 한 사람을 묘사한다.

이것이 그렇게 대단한 일인가? 그렇다. 구약성경의 다른 모든 곳에 등장하는 구름을 타는 존재에 관한 묘사는 오로지 하나님에게만 한정되었기 때문이다(사 19:1; 신 33:26; 시 68:32-33; 시 104:1-4). 그런데 다니엘 7장에서는 하나님이 "옛적부터 항상 계신 이"로 이미 그곳에 계셨다. 이 장면은 마치 다니엘이 환상 속에서 사람이기도 한 "둘째 하나님"(second God)을 목격하고 있는 것 같다. 어떻게 보면 하나님이 하나의 위격 이상의 존재라고 믿는 그리스도인들의 시각과 유사하다.

요점은 바로 이것이다.

마태복음 26장에서 예수님은 가야바 앞에서 재판을 받으며 삶과 죽음의 갈림길에 서 계신 상황에서 바로 이러한 관념을 꺼내 말씀하심으로 대제사장 가야바의 심기를 건드린다.

> 대제사장들과 온 공회가 예수를 죽이려고 그를 칠 거짓 증거를 찾으매 거짓 증인이 많이 왔으나 얻지 못하더니 후에 두 사람이 와서 이르되, 이 사람의 말이 내가 하나님의 성전을 헐고 사흘 동안에 지을 수 있다 하더라 하니, 대제사장이 일어서서 예수께 묻되 아무 대답도 없느냐 이 사람들이 너를 치는 증거가 어떠하냐 하되 예수께서 침묵하시거늘, 대제사장이 이르되 내가 너로 살아 계신 하나님께 맹세하게 하노니 네가 하나님의 아들 그리

스도인지 우리에게 말하라. 예수께서 이르시되 네가 말하였느니라. 그러나 내가 너희에게 이르노니 이후에 인자가 권능의 우편에 앉아 있는 것과 하늘 구름을 타고 오는 것을 너희가 보리라 하시니, 이에 대제사장이 자기 옷을 찢으며 이르되 그가 신성모독 하는 말을 하였으니 어찌 더 증인을 요구하리요. 보라 너희가 지금 이 신성모독 하는 말을 들었도다. 너희 생각은 어떠하냐. 대답하여 이르되 그는 사형에 해당하니라 하고(마 26:59-66).

명확한 질문에 마치 요점 없이 대답하듯, 예수님은 다니엘 7:13을 인용해 가야바에게 대응하신다. 가야바여, 내가 누구인지 정말로 알고 싶은가? 잘 들어보게. 반응은 즉각적으로 나타난다. 가야바는 예수님이 다니엘 7:13의 둘째 하나님에 해당하는 인물(즉 구약에서 오직 하나님을 가리킬 때만 사용되는 표현으로 묘사되고 있는 인물)이 자신이라 주장하고 있음을 즉각 알아챘다. 예수님은 자신이 인간의 형체를 취한 하나님이라 주장하고 계셨던 것이다. 그것은 신성모독이었고, 사형 선고를 받아 마땅한 근거로 작용했다.

예수님도 그 사실을 알고 계셨다. 예수님은 자신의 안위를 도모하는 데 관심이 없으셨다. 그분은 하나님 나라를 회복하고, 믿는 자들을 하나님의 가족에 편입시키며, (옛 바벨에서 하나님이 내버리신 민족들을 지배하던) 악한 정사와 권세들로부터 민족들을 되찾으려면 자신이 반드시 죽어야 한다는 사실을 알고 계셨다.

그렇게 예수님은 죽으셨다. 다윗의 언어를 통해 십자가형의 육체적 고통을 생생하게 묘사한 것으로 널리 알려진 시편 22편은 십자가에 숨겨져 있는 공포를 우리에게 살짝 보여준다. 고통하는 시인은 이렇게 신음한다.

> 나를 보는 자는 다 나를 비웃으며
> 입술을 비쭉거리고 머리를 흔들면서 말합니다.
> "당신이 여호와께 의탁하는데
> 왜 그가 당신을 구원하지 않는 거지?
> 만일 여호와가 당신을 기뻐한다면,
> 여호와는 왜 당신을 돕지 않은 거지?" …
>
> 많은 적들이 나를 황소처럼 에워싸며,
> 바산 땅에서 나온 사나운 황소들처럼,
> 그들이 모두 나를 향해 둘러섰습니다
> 그들이 사자처럼 입을 벌려,

내게 으르렁거리며 나를 찢으려 합니다.

나의 힘이 다하였고,

이것은 마치 땅에 물을 쏟음 같습니다.

내 모든 뼈가 어그러졌습니다(시 22:7-14 GNT).

이 묘사 중 가장 소름끼치는 부분은 바산 땅에서 나온 사나운 황소다. 앞서 언급한 것처럼, 구약 시대에 바산은 악한 신들의 근거지이자 죽은 자들의 영역이었다. 이곳은 황소와 암소로 상징되는 바알 숭배의 중심지이기도 했다. "바산 땅에서 나온 사나운 황소"는 귀신들과 어둠의 권세들을 가리킨다. 우리 시대에 이 이미지는 C. S. 루이스의 작품 『사자와 마녀와 옷장』(*The Lion, the Witch, and the Wardrobe*)에서 그 섬뜩한 혐오감이 잘 포착되었다. 누구든지 이 작품을 책이나 영화로 본 사람이라면, 아슬란이 하얀 마녀와 그 패거리들의 환호 속에서 초라하게 자신의 목숨을 돌 탁자에 내어놓는 장면을 잊을 수 없다.

Supernatural

마침내 악이 승리했다고 스스로 착각하는 순간 돌이킬 수 없는 패배의 구렁텅이로 떨어지고 말았다.

예수님이 사탄을 철저히 능욕했던 것처럼, 아슬란도 하

얀 마녀를 보기 좋게 바보로 만들었다. 악이 마침내 승리했다고 스스로 착각하는 순간 돌이킬 수 없는 패배의 구렁텅이로 떨어지고 말았다.

너희는 신들이지만, 사람처럼 죽을 것이다

십자가에서 사탄은 아담의 후손들에 대한 자신의 소유권을 잃어버렸지만, 후폭풍은 거기에서 멈추지 않는다. 사탄과 함께 반역에 동참한 일단의 무리, 즉 민족들을 다스리던 초자연적인 신들(엘로힘)은 자신들의 영역이 쪼그라들기 시작했음을 보게 될 것이다.

지극히 높으신 이로 불리는 이스라엘의 하나님은 초자연적인 신들에게 민족들을 분배하셨다(신 4:19-20; 32:8-9). 우리는 그 초자연적 존재들이 하나님을 대적했다는 이야기는 듣지 못했지만, 그들은 실제로 그랬다. 그들은 하나님의 백성 이스라엘이 하나님을 경배하는 데서 돌이켜 자신들(다른 신들)을 섬기게 만들었다(신 17:1-3; 29:26-27; 32:17). 우리가 2장에서 천상회의(신들의 모임)를 다루며 살펴봤던 시편 82편은, 이 엘로힘이 자신들의 권세를 남용하여 악을 낳았다고 말한다. 그들은 하나님의 법이나 공의 따위는 개의치 않았다.

하나님은 천상회의를 주재하시며
신들(엘로힘)의 모임 가운데에서 자신의 결정을 공포하신다.
"너희는 불공평한 판단을 당장 멈춰야 한다.
너희는 더 이상 악인과 한패가 되어선 안 된다!
가난한 자와 고아의 권리를 변호하며
곤란한 자와 빈궁한 자를 공평하게 대우하라.
그들을 악인들의 손에서 건질지니라.
"너희들이 얼마나 무지한지! 얼마나 어리석은지!
너희는 완전히 부패하였고,
세상에 정의가 사라져버렸다"(시 82:1-5 GNT).

이 시의 후반부는 하나님이 이 천상회의를 소집하여 신들에게 그들의 미래가 절망뿐일 것이라 말씀하시는 내용이다. 그들의 공포스러운 통치는 하나님이 민족들을 되찾기로 결정하시는 날 종식될 것이다.

내가 말하기를 "너희는 신들이며,
다 지존자의 아들들이라" 하였으나
"그러나 너희는 사람처럼 죽을 것이며,

너희 생명이 여느 군주들처럼 끊어질 것이다."
"오소서, 하나님이시여, 세상을 다스리소서.
모든 나라가 당신의 것입니다"(시 82:6-8 GNT).

언제 하나님이 민족들을 되찾기로 결정하실까? 앞서 우리는 그 대답을 다니엘 7:14에서 읽었다.

그에게 권세와 영광과 나라를 주고 모든 백성과 나라들과 다른 언어를 말하는 모든 자들이 그를 섬기게 하였으니, 그의 권세는 소멸되지 아니하는 영원한 권세요, 그의 나라는 멸망하지 아니할 것이니라.

다니엘 7:13-14의 메시지는 분명하다. 즉 인자가 나라를 얻을 때, 어둠에 속한 초자연적 권세들의 종말이 시작될 것이다. 예수님은 자신의 부활과 더불어 나라를 얻으셨다. "[하나님]의 능력이 그리스도 안에서 역사하사 죽은 자들 가운데서 다시 살리시고 하늘에서 자기의 오른편에 앉히사 모든 통치와 권세와 능력과 주권과 이 세상뿐 아니라 오는 세상에 일컫는 모든 이름 위에 뛰어나게 하[셨다]"(엡 1:20-21).

이것이 왜 중요한가

십자가 사건 이전에는, 사탄이 우리 영혼에 대한 영구적인 소유권을 틀어쥐고 있었다. 모든 인간은 죽는다. 그후에는 죽은 자들의 세계, 즉 사탄의 영역으로 들어간다. 예수님의 희생과 부활이 없었다면 우리는 계속 거기에 머물러 있었을 것이다. 우리는 예수님이 십자가에서 이루신 사역을 믿음으로 말미암아 예수님과 함께 일으키심을 받는다. 앞에서 보았듯이, 사탄은 이 땅에서 하나님 나라가 출범하던 때 하나님 존전에서 추방당했다(눅 10:18). 하나님은 더는 신자들을 향한 사탄의 고소를 허용하지 않으실 것이다. 사탄은 더 이상 우리 영혼에 대한 소유권 주장하지 못한다.

그렇다면 왜 우리는 사탄이 우리를 지배하고 있는 것처럼 살고 있는 걸까?

구원은 도덕적 완벽함으로 얻는 것이 아니다. 구원은 은혜에 의해, 믿음으로 말미암는 선물이다(엡 2:8-9). 이는 구원이 결국 도덕적으로 불완전하다 해서 잃게 되는 것이 아님을 의미한다. 행위로 얻는 것이 결코 아니기에 행위가 부족하다 해서 그것을 잃게 되진 않는다. 구원은 신실한 믿음에 대한 것이다. 즉 예수님이 사탄의 권리 주장을 무효화하기 위해 행하신 일을 신뢰하고, 다른 모든 신들과 그것이 속한 일체의 신념 체계로부터 돌이키는 것이다.

그것이 바로 우리가 열방을 향해 선포하도록 위임받은 하나님 나라의 메시지다(마 28:19-20). 우리가 그 부르심에 순종할 때 우리의 원수가 된 신들의 지배력과 정사와 권세들은 날마다, 매순간 쇠잔해질 것이다. 지옥의 문, 죽은 자들의 영역은 부활을 막지 못하며, 복음의 진보를 막아서지 못할 것이다.

> **Supernatural**
>
> 구원은 신실한 믿음에 대한 것이다. 즉, 예수님이 사탄의 권리 주장을 무효화하기 위해 행하신 일을 신뢰하고, 다른 모든 신들과 그것이 속한 일체의 신념 체계로부터 돌이키는 것이다.

그럼에도 예수님이 십자가에서 죽으실 때까지만 해도, 이런 사실들이 현실화한다고 여기는 제자는 아무도 없었다. 하지만 그들은 곧 극적이며 잊을 수 없는 방식으로 하나님 나라의 메시지를 받게 될 것이다.

13.
대반전

복음서의 예수님 이야기, 말하자면 그분의 탄생, 죽음, 산상설교 등의 기사들 외에도 신약성경에서 가장 친숙한 본문이 있다면 아마도 사도행전 2장일 것이다. 오순절에 성령이 예수님의 제자들에게 임한 사건을 증언하는 대목이다. 이것은 초기 교회의 출범과 예수님의 이름으로 이루어지는 세계 복음화의 시작을 알린다.

이 본문이 우리에게 친숙한 건 맞지만, 대다수의 사람들이 알고 있는 것보다 훨씬 많은 내용이 담겨 있다. 사실 사도행전 2장은 구약의 바벨탑 사건 이후 형성된 우주적 지형, 즉 이스라엘을 제외한 민족들이 하등한 신들의 통치 아래 분배되었던 형세를 역전시킬 대반전의 기운을 내비치도록 의도되었다. 즉 바벨에서 하나님에 의해 내버려졌던 열국으로 예수님의 복음을 들고 침투하기 위한 전투 계획의 실행이 오순절에 착수된 것이다. 영적 전쟁을 위해 아주 오래 전부터 준비된 전략이었다.

오순절

사도행전 2장이 오순절에 일어난 일을 묘사하는 내용은 꽤나 특이하다.

> 오순절 날이 이미 이르매 그들이 다같이 한 곳에 모였더니, 홀연히 하늘로부터 급하고 강한 바람 같은 소리가 있어 그들이 앉은 온 집에 가득하며 마치 불의 혀처럼 갈라지는 것들이 그들에게 보여 각 사람 위에 하나씩 임하여 있더니, 그들이 다 성령의 충만함을 받고 성령이 말하게 하심을 따라 다른 언어들로 말하기를 시작하니라. 그때에 경건한 유대인들이 천하 각국으로부터 와서 예루살렘에 머물러 있더니, 이 소리가 나매 큰 무리가 모여 각각 자기의 방언으로 제자들이 말하는 것을 듣고 소동하여

다 놀라 신기하게 여겨 이르되, 보라, 이 말하는 사람들이 다 갈릴리 사람이 아니냐. 우리가 우리 각 사람이 난 곳 방언으로 듣게 되는 것이 어찌 됨이냐(행 2:1-8).

우리의 시선을 끄는 본문이지만, 영어 번역본에서는 우리를 구약의 초자연적 세계관으로 안내하는 몇 가지 요소들이 분명하게 나타나지 않는다. "강한 바람"은 성령의 강림과 관련한 표현으로 구약성경에서 하나님의 임재를 묘사하는 데 빈번히 사용되었다(왕하 2:1, 11; 욥 38:1; 40:6). 불 역시 하나님을 묘사하는 데 자주 쓰인다(겔 1:4; 사 6:4, 6; 단 7:9; 출 3:2; 19:18; 20:18).

이러한 언급들을 살펴보면, 발생하고 있는 해당 사건이나 그 배후에 하나님이 계셨음이 분명하다. 하나님의 의도는 자신이 민족들을 분배하셨으나(신 4:19-20; 32:8-9), 결국 하나님의 원수가 된 하등한 신들에게서(시 82편) 다시 민족들을 되찾는 작업에 착수하시는 것이다.

이를 실행하기 위한 하나님의 도구는 제자들의 말, 즉 혀의 이미지다. 하나님은 예수님을 따르던 유대인들이 오순절에 (하나님을 대적하는 신들의 통치 아래 살고 있던 열국에서 온) 다른 유대인들에게 말할 수 있도록 능력을 베푸신다. 그들이 복음을 듣고 믿을 때, 그들은 결국 자신들의 나라로 돌아가 다른 사람들에게 예수님을 전하게 될 것이다.

오순절과 바벨

바벨탑 사건은 민족들을 흩어지게 하여 그들을 다른 신들의 권세 아래 두게 한 하나님의 결정을 촉발했다(신 4:19-20; 32:8-9). 얼핏 보면 바벨탑 사건과 사도행전 2장에서 발생한 일이 그다지 관련성이 없어 보인다. 하지만 원문에는 두 본문 사이에 뚜렷한 연관성이 나타난다.

사도행전 2장의 두 핵심 요소가 바벨탑 사건과 관련된다. 첫째, 불타는 혀(tongues)가 "갈라지는"(divided) 모습으로 묘사되고, 둘째, 열국에서 온 유대인의 무리가 "소동했다"(confused)고 전한다. 이것이 영어 본문에서는 특별히 설득력 있어 보이지 않을 수도 있다. 누가는 헬라어로 이것을 기록하고 있는데, 여기서 "갈라짐", "소동"으로 번역된 헬라어 단어는 창세기 11:7과 신명기 32:8에서 온 것이다. 두 구절 모두 바벨에서의 언어 및 민족의 분할(division), 그리고 그로 인한 혼란(confusion)을 묘사한다.

사도행전의 저자인 누가는 이방인이었다. 그는 헬라어만 읽을 수 있었다. 그래서 그는 당시에 70인역(Septuagint)으로 알려진 구약성경의 헬라어 번역본을 사용했다. 그것은 초기 교회가 사용하던 구약성경이다. 그들 중에 히브리어를 읽을 줄 아는 사람이 거의 없었기 때문이다. 누가는 사도행전 2장을 기록하면서 바벨탑 사건을 염두에 두고 있었다.

하지만 왜 이런 연결을 시도했던 걸까? 오순절에 발생한 일에 대해 생각해보라. 구약성경에서 매우 빈번하게 영으로 찾아오신 하나님은, 강한 바람과 불을 동반하여 임재하셨다. 그리고 (바벨탑 사건의 결과인) 언어의 분화로 인한 혼란은 불타는 혀가 제자들에게 임했을 때 사라졌다. 그 불타는 혀가 제자들로 하여금 (절기를 지키기 위해 열방에서 와서 예루살렘에 모인) 이방 언어만 사용하는 유대인들의 언어로 말할 수 있게 만들었기 때문이다. 그들 중 3천 명이 예수님에 대한 메시지를 믿었다(행 2:41).

예수님을 메시아로 받아들인 새 신자들은 자신들의 고향, 즉 바벨탑에서 흩어진 나라들로 돌아가 그 메시지를 전했을 것이다. 창세기 11장에서 하나님은 민족들을 내버리셨고, 곧이어 창세기 12장에서는 하나님의 새 백성과 새 나라를 세우시려고 아브라함을 부르셨다. 하나님은 이제 자신이

외면하고 내버리셨던 모든 민족(열국)의 사람들을 모으실 것이고, 그들을 아브라함의 후손인 유대인 신자들과 더불어 믿음의 가족으로 다시 편입시키고자 하시는 것이다. 얼마 지나지 않아서, 하나님 나라는 하나님을 대적하던 신들의 나라를 정복하게 될 것이다.

하지만 무엇보다 놀라운 사실은 사도행전 2장에 기록된 열국의 목록과 그 목록이 제시되는 순서에 있다. 이 나라들을 지도에서 찾아보라. 유대인이 구약 시대 막바지에 유배 생활을 했던 바벨론과 페르시아 지역, 즉 동쪽에서 시작해, 당시 사람들에게 알려진 세상 끝까지 서쪽으로 이동하는 것을 확인할 수 있다. 이와 동일하게 겹치는 지역이 창세기 10장에 나온다. 하나님이 내버리셔서 하등한 신들의 지배 아래 놓였던 민족들의 목록이 바로 그것이다.

우리의 씨름은 혈과 육을 상대하는 것이 아니요

사도행전은 대부분 바울의 선교 여정을 다룬다. 바울은 이방인을 위한 사도였고, 처음부터 이스라엘 밖의 나라들에서 교회를 시작하도록 보냄 받았다. 바울의 여정 및 (로마인들에

의한 체포 등) 삶의 형편은 그를 점점 서쪽으로 이끌었다.

바울은 종종 교회들에게 보낸 편지에서, 자신의 사역과 복음의 확장을 가로막는 영적 세력들에 대해 말하곤 했다. 오순절 이후에 바울이 복음을 들고 들어간 지역들은 예외 없이 바벨탑 사건을 계기로 민족들을 지배하던 신들이 관할하는 곳이었다. 게다가 그 악한 존재들을 가리킬 때 바울이 사용한 어휘를 보면 그가 구약의 우주적 지형에 익숙했음을 알 수 있다. (우리 눈에는 보이지 않는) 어둠의 세력을 언급하기 위해 바울이 사용한 용어들에서 드러나는 공통된 특징을 확인해보자. 다음은 ESV를 기준으로 정리한 용어들이다.

- 통치자(rulers/principalities; 엡 1:20-21; 6:12; 골 2:15)
- 권세자(authorities; 1:20-21; 3:10; 6:12; 골 2:15; 고전 2:6)
- 능력(powers; 엡 1:20-21; 6:12; 벧전 3:22)
- 주권(dominions; 골 1:16)
- 주(lords; 엡 1:20-21; 고전 8:5)
- 왕권(thrones; 골 1:16)

이 단어들은 지리적인 통치권을 나타낸다. 실제로 이런 용어들은 신약성경뿐 아니라 당시의 정치 권력자들이 기록한

다른 헬라어 문헌에서 동일하게 사용된다. 바울이 사용한 용어들은 공통적으로 영역 통치라는 개념을 담고 있다. 이것은 구약성경이 영적 세계와 인간 세계를 어떤 관계로 인식하고 있는지를 반영한다. 즉 하나님이 내버리셨던 민족들이, 하나님과 그분의 백성을 대적하는 영적 존재들의 지배 아래 있다는 것이다.

스페인으로 가리라

사도행전 마지막 부분에서 바울은 로마로 들어간다. 죄수 신분이었던 바울은 두 가지 이유로 로마에 가고자 했다. 가이사에게 상소할 뿐 아니라 그곳에서도 복음을 전파하는 것이다. 하지만 바울은 무엇보다 적대적인 신들의 지배 아래 있던 민족들을 되찾기 위해, 자신이 당시에 알려진 세상의 끝까지 가야 한다는 점을 알았다. 구약 시대에 세상의 끝은 다시스로 불렸다. 바울의 시대에 그곳은 스페인(서바나)로 불렸다. 바울은 자신의 사명을 완수하려면 반드시 스페인에 가야 했다. 바울이 투옥되기 전 로마에 보낸 편지에서도, 자신이 스페인에 가야 한다는 뜻을 강력하게 피력한다. 당대의 세상 끝까지 (서쪽으로) 가서 예수님을 위해 모든 민족을 되찾고 싶다는 것이다.

> 이는 지나가는 길에 너희를 보고 먼저 너희와 사귐으로 얼마간 기쁨을 가진 후에 너희가 그리로 보내주기를 바람이라. … 그러므로 내가 이 일을 마치고 이 열매를 그들에게 확증한 후에 너희에게 들렀다가 서바나(스페인)로 가리라(롬 15:24, 28).

바울은 하나님 나라를 회복하려는 하나님의 계획이 자신의 생애 가운데 본격화했다는 깨달음에 크게 자극을 받았다. 그는 "이방인의 충만한 수가 들어오면" "온 이스라엘이 구원을 받으리라"는 것을 믿었다(롬 11:25-26). 그는 오순절에 시작된 일을 자신이 마무리해야 한다고 생각했다.

이것이 왜 중요한가

바울은 자신의 삶을 초자연적 시각으로 바라보았다. 그는 자신을 하나님의 도구로 여겼다. 그리고 실제로 그렇게 살았다. 하지만 바울보다 앞서 오순절에 예루살렘에 머물렀던 다른 이름 모를 신자들도 하나님의 도구로서 마찬가지의 삶을 살았다. 자신들이 살고 있던 지역, 곧 악한 영적 존재들이 지배하는 견고한 진 속으로 초자연적 관점을 품고 침투해 들어갔다.

> **Supernatural**
>
> 그저 하나님이 우리에게 와서 우리의 필요를 채워주시기만을 바란다면, 우리는 예수님, 열두 제자, 바울이라기보다는 바벨탑을 세우려 했던 사람들과 매한가지다.

우리도 그들과 다르지 않다. 바울처럼 우리도 하나님의 도구로 부르심을 입었다. 그런데 왜 바울은 우리보다 훨씬 더 영향력 있고 효과적인 도구로 살 수 있었을까? 한 가지 차이점이 있다면 바울은 자신의 삶이 무엇인지 이해했다는 것이다. 그는 세상을 지배한다던 권세들이 실제로 존재할 뿐 아니라, 자기 배후에 그리고 자기 안에 있는 하나님의 능력이 더 크다는 사실을 믿었다.

당신은 이런 사실들을 믿는가? 성경은 그것들을 있는 그대로 제시한다. 바울은 성경이 제시하는 바를 그대로 받아들여 자신의 삶을 통해 드러냈다.

바울은 세상이 얼마나 넓은지 알지 못했다. 그는 북미, 남미, 중국, 인도, 노르웨이, 호주, 아이슬란드, 그리고 다른 많은 곳들을 알지 못했다. 하나님은 아셨다. 하나님은 온 세상에 복음을 확산시키는 일이 궁극적으로 바울이 이해한 것보다 훨씬 더 거대한 임무라는 걸 아셨다. 하나님은 복음이 온 세상 곳곳으로 퍼져나갈 수 있다면 다른 사람들도 바울처럼 그 목표를 향해 달려갈 것을 아셨다. 우리가 그 임무를 완수하기 위해 적극 노력하지 않는다면, 우리가 이 땅에 존재하는 목적을 실행하지 않는 것이기도 하다. 그저 하나님이 우리에게 와서 우리의 필요를 채워주시기만을 바란다면, 우리는 예수님, 열두 제자, 바울이라기보다는 바벨탑을 세우려 했던 사람들과 매한가지다.

우리가 살펴본 성경 본문의 또 다른 함의는 이 세상이 마귀가 지배하는 견고한 진이며 그것이 성경적 시각이라는 것이다. 물론 우리는 마귀의 관할 구역이나 경계, 심지어는 어둠의 권세들 사이의 영적 위계에 대해서도 충분한 설명을 듣지 못했다. 하지만 우리는 보이지 않는 권세들이 이 세상을 자신들의 소유지라 여기고 있음을 들었다. 그들은 하나님 나라에 저항하며, 사람들이 하나님의 선한 통치가 모든 곳에 확산되는 데 참여하기 바라시는 하나님의 계획에 절대 반대한다. 이러한 사실로 미루어, 우리는 자신의 논리나 경험적 증거로는 설명할 수 없는 어떤 저항을 예상해야 하며, 우리 자신의 힘만으로는 결코 승리하지 못한다는 것을 알아야 한다. 하나님은 우리에게 그분의 영을 보내셨을 뿐 아니라, 그분에게 속한 보이지 않는 대행자들을 보내 우리를 도와서 그분이 맡기신 사명을 더욱 잘 감당하게 하신다(고전 3:16; 6:19; 히 1:13; 요일 4:4).

> Supernatural
>
> 우리는 우리 눈으로는 초자연적 세계를 보지 못하며, 미시 세계도 보지 못한다. 하지만 우리는 불가분리하게 두 세계 모두에 속해 있다.

우리가 자신에게 던져야 할 진짜 질문은 이것이다. 만일 우리가 세상과 그 초자연적인 영향력에 대해 (바울이 생각했던 것만큼 인지하면서) 날마다 깨어 있다면 우리 삶은 어떻게 될까? 우리가 하나님 가족의 일원이라는 자신의 신분에 대한 각성을 중심으로 우리 삶을 꾸려나가고, 우리가 우리의 형제자매를 어둠에서 건져내는 일에 헌신한다면? 우리가 내리는 모든 결정과 우리 입술에서 나오는 모든 말이 아무런 목적도 의미도 없는 것이 아님을 의식하면서 신중하게 살아간다면? 또는 우리를 둘러싼 보이지 않는 (지적 능력을 갖춘) 영적 존재들이 우리가 알든지 모르든지 우리의 결정과 행동과 말을 사용하여 다른 사람에게 좋든지 나쁘든지 어떤 영향을 준다면? 우리가 실제로 누구인지, 어떻게 될지, 그리고 왜 우리가 이곳에 존재하는지를 안다면 우리의 직업, 수입, 재능, 심지어 우리의 당면한 문제들까지도 그 비중이나 의미가 달라질 것이다. 우리는 (우리 눈으로는) 초자연적 세계를 보지 못하며, 미시 세계도 보지 못한다. 하지만 우리는 불가분리하게 두 세계 모두에 속해 있다.

초기 신자들의 생각도 이와 다르지 않았다. 다음 장에서 살펴보겠지만, 그들은 자신들을 둘러싼 세계가 어둠에 예속되어 있으며, 어둠은 언젠가 그 권세를 빼앗기게 될 것이라 믿었다. 말그대로 적대적인 세상과 그 권세들에 맞서는 힘겨운 전투를 벌였지만, 그들은 (우리가 기독교라 부르는) 전세계적인 것을 (하나님 및 그분의 보이지 않는 대행자들을 힘입어) 조용히 만들어냈다. 그들은 영적 전투가 실제로 존재하며, 자신들은 궁극적으로 패배할 수 없다고 믿었다. 우리가 바로 그들이 패배하지 않았음을 입증하는 살아 있는 증거다.

14.
이 세상에 속하지 않은

병사들에게 체포되어 재판을 받으시기 전날 밤 예수님이 겟세마네 동산에서 드린 기도는 잘 알려져 있다. 기도 중에 예수님은 제자들을 언급하시며 "내가 세상에 속하지 아니함 같이 그들도 세상에 속하지 아니하였사옵나이다"(요 17:16)라고 말씀하신다. 신자들은 분명 이 세상 안에 있다. 복음을 열방에 전하라는 하나님이 맡기신 사명을 간직한 자들이기 때문이다(마 28:19-20) 하지만 그들은 세상에 속하지 않았다. 세상에 있으나 세상에 속하지 않은 이 역설은 여러 인상적인 방식들로 초기 그리스도인들에게 메시지를 준다.

우리는 8장에서 성소(거룩한 공간) 개념에 대해 이야기했다. 구약의 이스라엘 백성에게 하나님은 전적 타자로 계셨다. 하나님이 임재하시는 곳은 다른 모든 공간과 구별된다. 성소는 모든 시간에 모든 곳에 계신다는 하나님의 편재성을 부정하는 것이 아니다. 오히려 그것은 하나님이 자기 백성과 만나기로 선택하신 곳임을 표시하는 한 방법이었다. 성막과 성전이 존재하는 목적 중 하나도 이것이다. 성소 개념은 이스라엘의 수많은 율법과 예전의 타당한 근거로서 작용하며, 나아가 (세상이 하등한 신들과 지극히 높으신 하나님, 즉 이스라엘의 하나님 사이에서 어떻게 나뉘었는지를 보여줌으로) 우주적 지형이라는 개념을 강화시키기도 한다.

성소 개념은 신약성경에서 극적인 방식으로 전환된다. 여기서 우리가 질문해야 하는 것은 "하나님의 임재가 지금은 어디에 있는가"다. 하나님은 모든 곳에 계시지만 특별히 각 신자 안에 거하신다. 믿거나 말거나, 우리가 성소다. 바울은 "너희 몸은 … 성령의 전"(고전 6:19)이라고 매우 분명하게 기록한다.

신자들이 무리로 함께 모이는 이유도 마찬가지다. 바울

은 고린도 교회에 편지하면서 공동체로 모인 그들을 향해 "너희가 하나님의 성전"(고전 3:16)이라고 말한다. 그는 에베소 신자들에게 그들이 "하나님의 권속 … 주 안에서 성전이 되어 가고 … 성령 안에서 하나님이 거하실 처소가 되기 위하여 그리스도 예수 안에서 함께 지어져 가느니라"(엡 2:19, 21-22)고 선언한다.

> **Supernatural**
>
> 우리는 이제 하나님의 성전이고, 하나님의 성령이 머무는 특별한 처소다.

그 함의는 실로 놀라운 것이다. 우리 대부분은 "두세 사람이 내 이름으로 모인 곳에는 나도 그들 중에 있느니라"(마 18:20)는 예수님의 말씀에 익숙하다. 하지만 구약의 성소 개념이라는 맥락에서 보면, 이 말씀은 어느 곳이든 신자들이 모여서 밟고 선 곳은 어둠의 권세들 사이에서 영적으로 거룩하게 된다는 것을 의미한다.

구약에서 여호와가 자신의 처소로 최종 선택하신 곳은 이스라엘, 즉 예루살렘에 있는 성전이었다. 이스라엘은 그곳에 하나님의 임재가 머물렀기 때문에 거룩한 땅이 되었다. 하지만 거룩한 땅은 이를 둘러싼 민족들과 그들의 적대적인 신들에 의해 위협을 받았다. 같은 방식으로 오늘날 신자들은 영적 전쟁에 참여하고 있다. 우리는 이제 하나님의 성전이고, 하나님의 성령이 머무는 특별한 처소이며, 하나님의 임재의 빛이 나타나는 곳이다. 그리고 우리는 어둠의 권세들에게 묶여 있는 이 세상 전역에 흩어져 있다.

사탄에게 내주다

이 개념은 지역 교회의 거룩함을 언급하는 바울의 견해에서 잘 드러난다. 모든 신자의 몸은 거룩한 땅이며, 그곳에 부끄러운 죄가 들어설 자리는 없다.

8장에서 우리는 이스라엘이 자신들이 머무는 진영의 성결함을 유지하기 위해 죄를 어떻게 처리했는지 살펴보았다. 대속죄일에 대해 이야기했는데(레 16장), 이때 이스라엘 민족의 죄가 의식을 통해 "아사셀을 위한" 한 염소에게로 옮겨졌다(레 16:8, 10). 아사셀은 일종의 귀신, 곧 악한 영적 존재이며 광야에 거주하는 것으로 여겨졌다. 이스라엘 백성은 아사셀을 위해 제비 뽑은 염소를 내쫓아 광야로 들여보냄으로써, 자신들의 죄를 가져가게 만들었다. 그것은 백성들이 이전에 자신들이 속했던 곳인 광야(즉 영적인 어둠의 장소)로 자신들의 죄를 보내버리는 상징적인 행위였다.

바울은 고린도 교회에게 이와 동일한 방식으로 죄를 처리하도록 가르친다. 즉 죄를 그것이 속한 곳으로 내보내는 것이다. 고린도전서 5장에서 바울은 고린도 교회에게 그들 가운데 성적 부도덕을 저지르고도 회개하지 않는 한 남자에 대해 경고하며 이렇게 명령한다. "이런 자는 사탄에게 내 주어라"(고전 5:5 GNT). 근거는 명확하다. 즉, 죄는 거룩한 땅에 들어설 자리가 없다는 것이다. 신자들은 회개하지 않는 신자들을 교회에서 출교시켜야 한다(고전 5:9-13). 교회에서 쫓겨나는 것은 사탄의 영역으로 밀려나는 것, 다시금 세상 안으로 돌아가는 것을 의미했다.

바울은 그 결과로, 회개하지 않은 사람이 "육신은 멸하고, 영은 주 예수의 날에 구원을 받게" 되기를 소망했다(고전 5:5). 물론 여기서 "육신이 멸한다"는 말은 육체적인 죽음을 가리키는 것이 아니며, 이 사람이 빠져 있는 육신적인 정욕의 죽음을 가리킨다(갈 5:24; 고전 11:32-33).

영적 전쟁으로서의 세례

베드로의 견해도 바울과 다르지 않다. 신자들이 어둠의 권세들과 맞서 싸워야 한다는 것이다. 신약의 기이한 본문 중 하나인 베드로전서 3:14-22에서 영적 전쟁에 대한 그의 생각이 드러난다.

> 그러나 의를 위하여 고난을 받으면 복 있는 자니 그들이 두려워하는 것을 두려워하지 말며 근심하지 말고 너희 마음에 그리스도를 주로 삼아 거룩하게 하고 너희 속에 있는 소망에 관한 이유를 묻는 자에게는 대답할 것을 항상 준비하되 온유와 두려움으로 하고 선한 양심을 가지라. 이는 그리스도 안에 있는 너희의 선행을 욕하는 자들로 그 비방하는 일에 부끄러움을 당하게 하려 함이라. 선을 행함으로 고난 받는 것이 하나님의 뜻일진대 악을 행함으로 고난 받는 것보다 나으니라. 그리스도께서도 단번에 죄를 위하여 죽으사 의인으로서 불의한 자를 대신하셨으니 이는 우리를 하나님 앞으로 인도하려 하심이라. 육체로는 죽임을 당하시고 영으로는 살리심을 받으셨으니 그가 또한 영으로 가서 옥에 있는 영들에게 선포하시니라. 그들은 전에 노아의 날 방주를 준비할 동안 하나님이 오래 참고 기다리실 때에 복종하지 아니하던 자들이라 방주에서 물로 말미암아 구원을 얻은 자가 몇 명뿐이니 겨우 여덟 명이라. 물은 예수 그리스도께서 부활하심으로 말미암아 이제 너희를 구원하는 표니 곧 세례라.

이는 육체의 더러운 것을 제하여 버림이 아니요 하나님을 향한 선한 양심의 간구니라. 그는 하늘에 오르사 하나님 우편에 계시니 천사들과 권세들과 능력들이 그에게 복종하느니라.

이 본문에서 특이한 내용을 발견했을 것이다. 방주, 노아, 옥에 있는 영들이 세례와 무슨 관계가 있는가? 이 본문은 세례가 우리를 구원한다고 말하는 것인가?

여기서 베드로가 말하는 것은 바울이 로마서 5장에서 말한 내용과 비슷하다. 바울은 그 본문에서 예수님에 대해 이야기하지만 아담도 염두에 두고 있었다. 어떤 면에서는 예수님이 아담의 대척점에 서 있다고 생각해보라. 바로 이런 이유로 바울은 "한 사람[아담]이 순종하지 아니함으로 많은 사람이 죄인 된 것같이 한 사람이 순종하심으로 많은 사람이 의인이 되리라"(롬 5:19)고 말한다. 베드로는 베드로전서 3장에서 예수님에 대해 쓸 때 아담보다는 에녹을 염두에 두고 있다. 하지만 베드로의 관점에서 에녹과 예수님은 서로 대척점에 선 관계가 아니었다. 에녹은 베드로가 예수님에 대해 말하려는 요점을 위한 일종의 비유 역할을 할 뿐이다.

당신은 "무슨 요점?" 하고 궁금해할지도 모르겠다. 아쉽게도 구약성경에는 에녹에 관한 구절들이 얼마 없다(창 5:18-

24). 그 구절들에서 우리가 알 수 있는 것이라곤 그가 대홍수 이전에 살았으며, 또 "에녹이 하나님과 동행하더니, 하나님이 그를 데려가시므로 세상에 있지 아니하였[다]"(창 5:24)는 것뿐이다. 이 구절들은 베드로가 베드로전서 3장에서 예수님에 대해 이야기한 내용과 별 연관성이 없다.

에녹이 행한 일이 왜 베드로로 하여금 예수님을 떠올리게 했는가를 이해하기 위해서는 베드로가 구약성경 밖에 있는 유대 문헌의 에녹 이야기를 읽었다는 사실을 알 필요가 있다. 특히 베드로는 에녹에 대해 많은 것을 말해주는 고대 유대 문헌을 익히 알고 있었다. 아마도 그것은 에녹1서라 불리는 책이었을 것이다. 에녹1서는 홍수 시대에 일어난 일들에 대한 상세한 이야기로 채워져 있고, 특히 이 책이 다루는 창세기 6:1-4의 에피소드에서는 하나님의 아들들(에녹은 그들을 순찰자들이라 부른다)이 인간의 딸들과 더불어 자녀들(네피림 거인들)을 낳는 내용이 나온다. 베드로와 유다가 노아 시대의 범죄한 천사들에 대해 기록했을 때(벧후 2:4-5; 유 6절), 그들은 성경의 홍수 이야기의 일부에서 다루지 않는, 에녹1서의 사상들을 암시하고 있었다. 가령, 창세기의 홍수 기사는 하나님의 신적인 아들들이 죽은 자들의 영역인 지하 세계에 (마지막 날까지) 투옥되었다고 말하지 않는다. 하지만 에녹1서에는 이 내용이 거론된다(에녹1서 6:1-4; 7:1-6; 10:4, 11-13).

에녹1서에서 이 "옥에 있는 영들"에게 일어난 일은 베드로에게 예수님에 대한 어떤 통찰을 제공했다. 에녹1서 이야기에서 에녹은 한 꿈을 꾸는데, 여기서 옥에 갇힌 영들이 에녹에게 자신들을 대신해서 하나님께 탄원해 달라고 부탁한다. 어쨌든, 에녹은 하나님과 동행한 사람이었지 않은가. 그렇다면 에녹 말고 누가 감히 하나님의 진노를 가라앉히고 나서 갇힌 영들을 놓아달라고 그분께 요청할 수 있을까? 에녹은 그렇게 탄원했지만, 나쁜 소식을 들었다. 하나님은 단호하게 "안 된다"고 말씀하셨다. 에녹은 하나님의 대답을 전해야 했고, 그래서 옥에 갇힌 영들에게로 내려갔다. 결국 에녹은 그들이 여전히 심판 아래 있을 것이라고 전했다.

베드로는 이 이야기를 예수님을 위한 일종의 유비로 사용했다. 그가 전하고자 하는 요지는 예수님이 죽으셨을 때 죽은 자들의 영역으로 내려가셨으며, 그곳에 있던 타락한 신적 존재들에게 메시지를 전하셨다는 것이다. 죽은 자들의 세계로 들어오신 예수님을 보았을 때, 타락한 신적 존재들은 자신들과 한편인 귀신 무리들이 승리했으며, 자신들도 곧 감옥에서 풀려나리라 생각했을 것이다. 하지만 예수님은 그들이 거기서 예수님을 오래 보지 못할 것이라고 하셨다. 예수님은 부활하실 것이기 때문이다. 모든 것이 하나님의 계획의 일환이었다. 그들은 승리하지 못했다. 그들은 여전히 심판 아래 있고 그 어느 때보다도 비참한 종말을 맞을 것이다. 그렇기 때문에 이 기이한 단락은 예수님이 "하늘에 오르사 하나님 우편에 앉으시고, 천사들과 권세들과 능력들이 그에게 복종[하고 있다]"(벧전 3:22)는 내용으로 끝난다.

왜 베드로는 이 모든 것을 세례와 연결하는가? 베드로는 세례가 예수님의 (마귀 권세에 대한 승리 선언으로 완성되는) 죽음과 부활을 상징한다고 본 것이다. 세례는 예수님의 죽음, 장사, 그리고 부활을 상징한다(롬 6:1-11).

베드로의 관점에서 세례가 이 모든 것과 연결되는 이유는, 세례가 "예수 그리스도의 부활하심을 통해 하나님께 드리는 선한 양심의 간구"(참조. 벧전 3:21)이기 때문이다. "간구"(appeal)로 번역된 헬라어는 맹세, 굳은 약속, 서약을 가리킨다. "양심"(conscience)으로 번역된 헬라어는 종종 옳고 그름을 가려 말하는 능력을 가리킨다. 하지만 여기서는 경우가 좀 다르다. 옳고 그름의 차이를 아는 것은 예수님의 죽음, 장사, 그리고 부활과 별 연관성이 없다. 오히려 이 헬라어의 또다른 뜻인 (어리석은 의미가 아닌, 좋은 의미의) 헌신을 가리킨다고 보는 게 타당하다. 이것이 바로 베드로가 베드로전서 3장에서 말하고자 했던 바다. 본질적으로 세례는 (함께 있는 모든 사람들을 향해서뿐 아니라) 마귀의 권세들을 향해 자신이 영적 전쟁에서 누구 편에 서 있는지를 선언하는 일종의 충성 서약이자 메시지다. 초기 그리스도인들은 이 사실을 오늘 우리보다 더욱 잘 이해했다. 이 본문으로 인해 초기 교회에서 거행되는 세례식은 사탄 및 그가 부리는 천사들과의 단절 선언의 의미가 담겨 있었다.

왜 이것이 중요한가

첫째, 모든 신자는 자기 자신이 하나님의 임재가 머무는 거룩한 땅이라는 사실을 깨달아야 한다. 물론 여기서 하나님의 임재는 구약성경에서 하나님의 영광으로 불리기도 했다. 우리가 거룩한 땅인 것처럼 산다고? 이스라엘과 예수님 시대의 신자들은 항상 비신자들과 달라야 할 필요를 느꼈다. 그 다름이란 게 억지스럽거나 지나치게 독특한 것이 되어서는 안 된다. 만일 그렇다면 비신자들은 신자들과 접촉하기도 싫어할 것이다. 이스라엘은 "제사장 나라"와 "거룩한 백성"이

되어야 했다(출 19:6). 하나님의 자녀가 하나님이 원하시는 대로 살아간다면, 열매가 많고 풍성하며 복된 삶을 누리게 될 것이다. 즉, 이스라엘 백성은 하나님을 대적하는 신들의 권세에 예속된 사람들의 마음을 끌어 참되신 하나님께로 돌이키도록 해야 했다.

열방의 백성을 구원하시려는 (그리하여 그들을 하나님의 가족의 일원으로 삼으시려는) 하나님의 계획에 우리의 세계관이 맞춰질 때, 더이상 우리는 이 세상에 속한 자가 아니다. 이 세상에 속했다는 것은 세상의 염려와 거기서 비롯되는 세상살이에 휩쓸리는 것을 의미한다. 비신자들은 우리의 말, 행동, 윤리, 타인을 향한 태도를 보면서, 우리가 결코 냉소적이거나 이기적이고 무정한 사람이 아니라는 것을 알 수 있어야 한다. 또한 우리의 관심이 타인보다 앞서거나 사람들을 이용하는 데 있지 않다는 것을 분명히 알 수 있어야 한다. 우리는 자신의 만족을 위해 살아서는 안 된다. 그 반대의 길을 가야 한다. 달리 말하면, 우리는 예수님이 사셨던 것처럼 살아가야 한다. 사람들은 예수님이 여느 사람들과 같지 않았기 때문에 그분 곁에 있고 싶어 했다.

둘째, 우리는 우리가 교회에서 하는 일들을 통해 하나님과 예수님을 높여야 한다. 성경 시대에는 성막이나 성전에 방문하는 일을 통해 하나님의 완전하심과 전적 타자성, 그리고 자녀들을 향한 하나님의 사랑에 대한 생각을 고취시킬 수 있었다. 신자들의 종교 행위와 하나님을 높이는 일은 서로 별개의 것이 아니다. 무언가를 필요로 하지 않으시며, 모든 것 위에 뛰어나신 하나님이 왜 굳이 인간 가족을 원하신 걸까? 바벨에서 민족들을 내버리시고 다른 신들의 지배 아래 두신 하나님은 왜 굳이 새로운 가족을 창조하시려고 그토록 애를 쓰신 걸까? 왜 그냥 우리 없이 지내지 않으시려는 걸까? 하나님이 우리를 사랑하시기 때문이다.

하나님이 다른 선택을 하실 수도 있으셨지만 그렇게 하지 않으신 것은, 그분의 사랑이 그런 데선 아무 의미를 찾지 못했기 때문이다. 교회가 하나님의 사랑에 대해 말하면서도, 그 사랑이 하나님의 다른 여러 성품과는 배치되는 (즉 거룩하신 하나님이 부패하고 흠이 많으며 자유의지로 반역을 일삼는 인류를 애써 끝까지 품으시는) 아이러니를 지적하지 않는다면, 신자들은 그 사랑을 당연하게 받아들일 것이다. 하나님의 거룩하심을 모르는 자들에게 전해지는 사랑 이야기는 값싼 것으로 들릴지도 모른다.

우리가 이 장에서 다룬 내용에서 찾을 수 있는 셋째 함의는, 어둠의 권세들이 우리의 행실을 보고 우리가 어느 편

> **Supernatural**
>
> 어둠의 권세들은 우리의 행실을 통해 우리가 어느 편에 서 있는지 알고 있다. 그들은 바보가 아니다. … 믿거나 말거나, 우리는 영적 전쟁의 양편에서 주목받고 있다.

에 서 있는지 안다는 것이다. 그들은 바보가 아니다. 그들은 하나님을 향한 우리의 신실함을 보고 있다. 그들은 우리가 (세례를 받고 죄에 맞서는 등) 예수님을 따르기로 한 결정에 어울리는 행동을 취하는지 보고 있다. 그들은 우리가 하나님께 신실하지 않게 행동할 때에도 보고 있으며, 우리가 삶에서 어떤 연약함을 안고 있는지도 잘 알고 있다. 믿거나 말거나, 우리는 영적 전쟁의 양편에서 주목받고 있다.

이 진리를 아는 것은 쉽지만 살아내기란 어렵다. 우리는 구속함을 받았지만, 타락한 존재다. 이 진리를 따라 살기 위해서는 우리가 이곳에 존재하는 이유에 대해 우리의 마음과 생각을 모아야 한다. 또한 우리에게 익숙한 이 세상에서 이방인처럼 살아가야 한다. 예수님이 그러셨듯이, 우리도 이 세상에 속하지 않았다. 이 세상에 살고 있으나 거기에 속하지는 않았다(요 8:23; 요일 4:4). 하나님의 자녀가 된다는 것이 무엇을 의미하는지 바르게 이해할 때, 우리에게 이러한 역설이, 그리고 우리의 신분이 더욱 첨예하게 부각될 것이다.

15. 신적인 본성에 참여하는 자들

"당신이 누구인줄 아는가?"

이 책 초반에 던졌던 질문을 다시 거론할 때가 되었다. 그렇다. 우리는 이 세상에 있으나 이 세상에 속하지 않았다. 우리는 "그 은혜에 의하여 (예수님이 십자가에서 행하신 일을) 믿음으로 말미암아 구원을 받았[다]"(엡 2:8-9). 하지만 그것은 하나님이 지금껏 행하신 일에 대한 이해의 시작에 불과하다.

에덴에서 하나님의 본래 의도는 자신의 인간 가족을 자신의 신적인 가족, 즉 창조 이전부터 있었던 천상의 하나님의 아들들(욥 38:7-8)과 통합하는 것이었다. 하나님은 인류의 타락에도 불구하고 그 계획을 포기하지 않으셨다. 그리스도인인 당신은 하나님의 엘로힘 자녀 중 하나처럼, 예수님 자신처럼 신적 존재로 변화될 것이다(요일 3:1-3).

신학자들은 여러 전문용어를 사용하여 이 개념을 설명한다. 가장 일반적인 용어는 영화(glorification)다. 베드로는 "신적인 본성에 참여하는 자"(partakers of the divine nature; 개역개정 "신성한 성품에 참여하는 자"; 벧후 1:4)가 된다고 언급한다. 요한은 이렇게 표현한다. "보라 아버지께서 어떠한 사랑을 우리에게 베푸사 하나님의 자녀라 일컬음을 받게 하셨는가, 우리가 그러하도다"(요일 3:1; 강조는 저자). 이번 장에서 우리는 성경이 이 메시지를 어떻게 전달하는지 살펴보자.

하나님의 아들들, 아브라함의 후손

바벨에서 민족들을 내버리시고 하등한 신들에게 분배하시던 때, 하나님은 자신의 소유가 될 새로운 인간 가족을 세워 다시 시작하실 것을 염두에 두셨다. 그래서 하나님은 바벨탑 사건(창 11:1-9) 직후에 아브라함을 부르셨다(창 12:1-8). 하나님은 아브라함과 그의 아내 사라를 통해 자신이 의도하신 원래의 에덴 프로젝트를 재개하려 하셨다.

하나님 백성이자 아브라함의 자녀인 이스라엘은 하나님의 선한 통치를 이 땅에 회복하는 일에 최종적으로 실패했다. 하지만 아브라함의 자녀 가운데 한 사람이 대신 이를 성취할 것이다. 하나님은 (다윗, 아브라함, 그리고 아담의 후손인) 예수님 안에서 사람이 되실 것이다. 그리고 (바벨에서 징계하셨던) 민족들에게 복을 주겠다는 하나님의 약속은 바로 예수님을 통해 성취되었다. 바울은 이것을 여러 곳에서 기록하는데, 그중 두 단락을 살펴보자.

> 곧 계시로 내게 비밀을 알게 하신 것은 내가 먼저 간단히 기록함과 같으니 그것을 읽으면 내가 그리스도의 비밀을 깨달은 것을 너희가 알 수 있으리라. … 이는 이방인들이 복음으로 말미암아 그리스도 예수 안에서 함께 상속자가 되고 함께 지체가 되고 함께 약속에 참여하는 자가 됨이라(엡 3:3-6).

> 너희가 다 믿음으로 말미암아 그리스도 예수 안에서 하나님의 아들이 되었으니 … 너희는 유대인이나 헬라인이나 종이나 자유인이나 남자나 여자나 다 그리스도 예수 안에서 하나이니라. 너희가 그리스도의 것이면 곧 아브라함의 자손이요 약속대로 유업을 이을 자니라(갈 3:26-29).

앞 장들에서 설명한 것처럼, 바울이 두 본문에서 언급하는 사람들은 하나님이 바벨탑 사건을 계기로 하등한 신들의 지배 아래 두신 민족들의 영토에서 구약 시대 내내 살고 있던 비이스라엘 사람들이었다. 바벨탑 사건을 계기로 민족들은 참되신 하나님과의 관계가 끊어진 채 상속권을 잃고 내버려졌다. 인류 가운데 오직 이스라엘만이 하나님의 "분깃"이었다(신 32:9). 이스라엘은 상속권을 박탈당한 민족들에 속한 사람들을 다양한 용어를 사용해 불렀다. 그중에는 (애굽, 모압, 아말렉처럼) 지역을 가리키거나 특정 인종을 가리키는 것도 있었지만, 신약 시대로 넘어오면서 포괄적인 의미로 이방인(Gentile)이라 불렀다. 이 호칭은 "민족"(nations)을 뜻하는 라틴어 '겐스'(*gens*)에서 비롯되었다. 당신이 유대인이 아니라면 곧 이방인이다.

신약의 이야기는 아브라함의 후손인 예수님이 죽었다가 부활하심으로 아브라함 민족의 후손(이스라엘 사람/유대인)뿐 아니라, 오래전 하나님에 의해 상속권을 박탈당하고 내버려진 열국의 모든 사람을 구원하신다는 것이다. 앞에 인용한 두 본문에서 바울은 이방인이 하나님의 가족으로 편입되는 일이 비밀(mystery)이었다고 말한다. 하나님이 내버리셔서 다른 신들의 통치 아래 두셨넌 열국의 백성이 아브라함에게 주어진 약속들을 상속받을 수 있게 된다는 사실에 바울은 놀랐던 것이다.

그리스도 안에서 복음을 받아들이는 모든 사람은 참되신 하나님, 아브라함과 이삭과 야곱의 하나님이신 여호와의 자녀가 된다(요 1:12; 갈 3:26; 롬 8:14). 바로 이런 이유에서 신약성경은 신자들에 대해 말하면서 (아들들, 자녀, 상속자 같은) 가족 용어, 그리고 하나님에 의해 "양자가 된다"는 표현을 사용한다(롬 8:15, 23; 엡 1:5; 갈 4:4). "상속"이라는 표현도 그 의미하는 바가 분명하다. 이것은 우리가 하나님의 새로운 신적 존재인 인간 가족(divine-human family)임을 말해준다. 신자들은 아담과 하와가 지녔던 본래의 상태로 돌아갈 운명이다. 즉, 불멸하며, 하나님의 영광스러운 형상 담지자가 되고, 하나님의 임재 안에 살아가는 것을 말한다.

하지만 그것조차도 우리가 누구인지를 충분히 표현하지 못한다. 우리라는 존재와 관련해 가장 놀라운 부분은 예수님이 우리를 어떻게 보시는가에 있다.

가족 재결합

히브리서의 첫 두 장은 우리에게 신적 존재와 인간으로 이루어진 하나님의 혼합 가족이라는 드라마틱한 그림을 보여준다. 내게는 성경에서 가장 가슴 뛰는 본문 중 하나다.

히브리서 1장은 예수님이 "천사(들)보다 훨씬 뛰어[나다]"(4절)고 주장한다. 하나님의 천상회의에서 예수님보다 높은 존재는 없다. 어쨌거나 그분은 하나님이시기 때문이다. 실제로 히브리서 저자는 어떤 천사도 사람이 되어 하나님 나라를 상속하기에 적절치 않다고 주장하며, 하나님의 모든 천사들은 예수님께 경배해야 한다고 강조한다(5-6절). 예수님은 왕이시다.

놀랍게도 예수님이 사람이 되셨을 때, 그분은 잠시 천사들보다 못한 존재가 되셨다. 그분은 우리 중 하나같이 되셨다. 인간은 천사 같은 신적 존재들보다 못한 피조물이다. 히브리서 저자는 이렇게 묻는다.

> 그러나 누구인가가 어디에서 증언하여 이르되 사람이 무엇이기에 주께서 그를 생각하시며 인자가 무엇이기에 주께서 그를 돌보시나이까. 그를 잠시 동안 천사보다 못하게 하시며 영광과 존

귀로 관을 씌우시며 만물을 그 발 아래에 복종하게 하셨느니라 하였으니, … 오직 우리가 천사들보다 잠시 동안 못하게 하심을 입은 자 곧 죽음의 고난 받으심으로 말미암아 영광과 존귀로 관을 쓰신 예수를 보니 이를 행하심은 하나님의 은혜로 말미암아 모든 사람을 위하여 죽음을 맛보려 하심이라(히 2:6-9).

예수님이 행하신 일의 결과가 무엇인가? 우리는 구원이라 말할지도 모른다. 그것도 맞는 이야기다. 하지만 히브리서의 저자가 말하고자 하는 내용은 아니다. "하나님이 예수 그리스도 안에서 사람이 되셨기 때문에, 그분을 따르는 사람들은 장차 신적 존재가 되고, 그분과 한 가족의 일원이 될 것이다"가 정답이다.

언젠가 우리가 죽음을 맞이하거나 또는 이 땅에 새 에덴인 하나님 나라의 최종 실현을 위해 예수님이 다시오실 때, 예수님은 우리를 천상회의의 일원들에게 소개하시고, 또 우리에게 그들을 소개시켜 주실 것이다. 그분이 우리와 같이 되셨으므로 우리도 그분과 같이 될 수 있다.

그러므로 만물이 그를 위하고 또한 그로 말미암은 이가 많은 아들들을 이끌어 영광에 들어가게 하시는 일에 그들의 구원의 창시자를 고난을 통하여 온전하게 하심이 합당하도다. 거룩하게 하시는 이와 거룩하게 함을 입은 자들이 다 한 근원에서 난지라. 그러므로 형제라 부르시기를 부끄러워하지 아니하시고 이르시되, "내가 주의 이름을 내 형제들에게 선포하고 내가 주를 총회(assembly; 개역개정 "교회") 가운데에서 찬송하리라 하셨으며 … 볼지어다, 나와 및 하나님께서 내게 주신 자녀라 하셨으니"(히 2:10-13).

예수님은 천상회의의 엘로힘 앞에서 그들보다 못한 존재로서 사람이 되는 일을 부끄러워하지 않으시고, 도리어 즐거워하셨다. 이 모든 것이 거대한 전략의 일부였다. 예수님은 총회 가운데 서서 우리를 소개하신다. "볼지어다! 나 그리고 하나님께서 내게 주신 자녀들을 보라. 이제 우리 모두가 영원히 함께할 것이다." 이것이 태초에 시작된 하나님의 계획이었다.

우리가 하나님의 신적이고 영화롭게 된 가족에 편입되는 것이 우리의 운명이다. 바울은 로마서 8:18-23에서 이 주제를 아름답게 표현한다.

생각하건대 현재의 고난은 장차 우리에게 나타날 영광과 비교할 수 없도다. 피조물이 고대하는 바는 하나님의 아들들이 나

> 타나는 것이니, … 그뿐 아니라 또한 우리 곧 성령의 처음 익은 열매를 받은 우리까지도 속으로 탄식하여 양자 될 것 곧 우리 몸의 속량을 기다리느니라.

바울도 동일한 메시지로 신자들을 격려한다. 그는 로마의 신자들에게 그들이 "그 아들의 형상을 본받게 하기 위하여 미리 정하셨으니 이는 그로 많은 형제 중에서 맏아들이 되게 하려 하심"이라고 말한다(롬 8:29). 그는 고린도 교회에 이렇게 선포한다. "우리가 다 수건을 벗은 얼굴로 거울을 보는 것 같이 주의 영광을 보매 그와 같은 형상으로 변화하여 영광에서 영광에 이르니 곧 주의 영으로 말미암음이니라"(고후 3:18). 또한 그는 우리 인류가 변화되어 "이 썩을 것이 반드시 썩지 아니할 것을 입겠고 이 죽을 것이 죽지 아니함을 입을 것"(고전 15:53)이라고 확증한다. 베드로에게 하나님의 가족-회의에 들어가는 일은 "신적인 본성에 참여하는 자"(partakers of the divine nature, 개역개정. "신성한 성품에 참여하는 자")가 되는 것을 의미했다(벧후 1:4). 요한은 가장 단순하게 말한다. "우리가 그와 같이 되리라"(참조. 요일 3:2).

이것이 왜 중요한가

아마도 우리는 그리스도인으로서 예수님을 닮아가야 한다는 말을 수없이 들었을 것이다. 물론 우리는 예수님을 닮아가야 한다. 하지만 그 말을 들을 때, 우리는 이 말을 좋은 사람이 되거나 아니면 "덜 나쁜" 사람이 된다는 관점에서만 생각하는 경향이 있다. 그러면서 우리가 언젠가는 예수님처럼 될 것이라는 거의 상상할 수조차 없는 발상을, 사실상 힘겹게 지켜야만 하는 의무로 바꿔버린다.

우리가 얼마나 예수님과 다른가를 생각하고 죄책감을 느끼면서 "더 잘 해보자"라고 마음으로 다짐하기보다, "예수님이 이미 행하신 복된 일, 또 장차 행하실 복된 일"로 말미암아, "예수님을 닮아가는 것"에 대한 우리의 잘못된 생각이 바로잡히도록 해야 한다. 우리는 그리스도를 닮는 것을 하나님이 우리에게 분노하실까 싶어, 하지 않으면 안 되는 일종의 의무로 돌려버릴 수 있다. 그러나 그것은 나쁜 신학이다. 그것은 은혜를 의무로 바꿔버린다. 오히려 우리는 언젠가 하나님이 우리를 향해 예정하신 바(롬 8:29), 하나님이 즐거이 빚어가기 원하시는 모습대로 우리를 온전하게 하실 것에 감사할 수 있어야 한다. 또한 어둠의 권세에 사로잡힌 사람들이 우리와 함께 하나님의 가족으로 합류하고 싶게 만드는 삶의 모습으로 살아갈 수도 있다. 한 관점은 내면을 들여다 보고, 다른 관점은 하늘을 바라본다.

오늘 그리스도인이 보여주어야 하는 모습은 (우리가 아직 어둠에 종노릇하고 있을 때 우리를 사랑하신) 하나님을 기뻐시게 하지 못할 것이라는 두려움으로 살아가는 것이 아니다. 그리스도인의 삶은 실제로 두 개념을 붙드는 것이다. 하나는 우리가 하나님의 가족으로 입양되었다는 것이다. 이것은 예수님이 우리의 형제이시며, 하나님은 자신이 예수님을 사랑하시듯이 우리를 사랑하신다는 것을 의미한다. 또 하나의 개념은 이 땅에 하나님 나라를 회복하시려는 하나님의 계획 안에 우리 삶의 목적이 있다는 것이다. 우리는 하나님의 새로운 천상회의이며, 또한 장차 그렇게 될 것이다. 하나님은 우리 아버지시다. 우리는 그분의 자녀이며 그분의 처소에서 영원히 살도록 예정되었다. 우리는 여전히 사망의 군주에게 지배 받으며 보이지 않는 어둠의 권세들에게 사로잡힌 자들을 해방시키기 위해 하나님의 동역자로 부르심을 받은 그분

> **Supernatural**
>
> 우리는 하나님의 새로운 천상회의이며, 또한 장차 그렇게 될 것이다.

의 대행자들이다.

이것이 바로 성경이 말하고자 하는 바, 즉 최초의 에덴에서 새로운 에덴에 이르는 비전이다. 이것이 당신의 운명이다. 당신은 하나님의 가족 안에서 당신의 자리를 확보하기 위해 애쓰며 살아갈 필요가 없다. 그것은 무엇을 행함으로 획득할 수 있는 게 아니다. 그것은 선물이다. 이제 당신은 자신이 하나님의 양자가 된 사실에 감사하고, 그것을 누릴 뿐 아니라, 다른 이들도 당신과 함께 양자가 되고픈 소원을 품을 수 있도록 살아가야 한다.

16.
천사들을 심판하다

그리스도인으로서 우리가 누구인지를 이해하는 것은 우리 신앙에 매우 중요하다. 우리는 하나님의 아들과 딸이며, 다시 구성된 천상회의로서 우리 아버지의 나라에 이미 참여하고 있는 자들이다. 하지만 거기엔 무언가가 더 있다. 그렇다. 우리가 하나님의 가족-회의 기구라는데, 무엇 때문에 존재하는 것일까?

우리는 이미 하나님 나라 안에 있지만(골 1:13), 아직 하나님 나라는 완전히 그 모습을 드러내지 않았다. 즉, 아직 세상 전체가 에덴이 되지는 않았다. "이미 그러나 아직 아니"의 역설은 성경 곳곳에 여러 방식으로 드러난다. 이번 장에서는

"무엇 때문에"라는 질문에 "아직 아니"(not yet)로 대답할 만한 것들을 어렴풋하게나마 살펴보고자 한다.

지금 하나님 나라에 참여하기

"우리가 하나님 나라에 참여하는 것은 미리 정해져 있었다"는 말을 우리가 그저 입력된 프로그램대로 작동하는 로봇이라는 식으로 이해해선 안 된다. 그것은 우리가 하나님의 형상 담지자, 즉 하나님의 대표자라는 개념을 훼손한다. 우리는 하나님을 닮아가는 존재로 창조되었다. 하나님은 자유로운 존재시다. 마찬가지로 우리에게 진정한 자유가 없다면, 우리는 하나님처럼 될 수 없으며, 당연히 하나님과 같지도 않을 것이다. 우리는 자유롭게 순종하고 경배할 수 있고, 아니면 자유의지로 반역하거나 자기 자신을 탐닉할 수도 있다. 그리고 우리는 우리가 심은 대로 거둘 것이다. 우리의 씨뿌림은 프로그램으로 입력된 것이 아니다.

하지만 하나님은 우리보다 크시다. 하나님은 계획이 있으셨고, 결국 실현될 것이다. 그 계획의 성공은 인간의 자유에 의해 좌우되거나 변경될 여지가 전혀 없다. 우리도 마찬가지다. 우리가 하나님의 계획에 무엇을 더하거나 뺄 수 없으며, 그것은 선택의 자유가 있는 다른 신적 존재들도 마찬가지다.

1장에서 다루었던 천상회의에 대해 생각해보자. 나는 당신이 성경이 말하는 바를 믿느냐고 물었고, 이어서 하나님과 그분이 주재하시는 천상회의가 소집되는 열왕기상 22장으로 당신을 안내했다. 하나님은 악한 아합이 죽을 때가 되었음을 선언하셨다. (그래서 아합은 반드시 죽어야 한다.) 하지만 그러고 나서 하나님은 자신의 천상회의의 영적 존재들로 하여금 어떻게 그 일이 이루어져야 하는지를 결정하게 하셨다(왕상 22:19-23).

하나님 나라의 통치에서 예정과 자유는 상호 밀접한 관계 내에서 작동한다. 하나님이 뜻하신 목적들은 결코 번복되거나 중단되지 않을 것이다. 하나님은 죄와 반역을 겪으실 수 있지만, 그럼에도 자신이 원하시는 바를 (자유의지를 지닌 다른 대표자들을 통해) 여전히 성취하실 수 있다. C. S. 루이스는 『페렐란드라』(*Perelandra*)에서 하나님에 대해 이렇게 말한 적이 있다. "당신이 무엇을 하든지 하나님은 그것으로 선을 이루실 것이다. 하지만 그것은 당신이 하나님께 순종했을 경우 당신을 위해 하나님이 마련하신 선은 아니다."

그렇다면 "지금 여기서"(here and now) 우리는 "무엇을 위해" 하나님의 가족 회의의 일원으로 참여하게 되었을까? 사람들을 어둠에서 자유케 하는 하나님의 일에 함께하기 위해서다. (하나님을 닮아가는 것의 실제 사례가 필요한) 사람들에게 정의롭고 긍휼을 베풀면서 살아가는 법을 보여주기 위해서다. (지적 능력을 갖춘 질투심 가득한) 신적 존재들의 지배 아래 있는 적대적인 세상에서 참되신 하나님에 관한 진리를 수호하고 널리 전파하기 위해서다. 하나님이 의도하신 바대로 삶을 누리기 위해서다.

이러한 모든 소명들은 장차 도래할 하나님 나라를 맞이하기 위한 훈련이다. 바울은 이 세상 송사를 가지고 분쟁하다가 하나님의 관점을 잃어버린 고린도 교인들에게 이렇게 반문한다. "우리가 천사를 판단할[통치할] 것을 너희가 알지 못하느냐 그러하거든 하물며 세상 일이랴?"(고전 6:3) 그냥 하는 말이 아니었다. 바울은 이 말을 하면서 무언가 특정한 사안을 지적하고 있었다.

민족들을 다스리다

하나님 나라는 아직 최종적으로 도래하지 않았다. 그날이 오면 어둠의 권세들은 패배할 것이다. 악한 신들은 민족들에 대한 지배권을 영구적으로 상실할 것이고, 영화롭게 된 하나님의 인간 가족 회의가 그 자리를 대신할 것이다. 예수님이 요한계시록에서 하신 말씀을 살펴보자.

> 다만 너희에게 있는 것을 내가 올 때까지 굳게 잡으라. 이기는 자와 끝까지 내 일을 지키는 그에게 만국을 다스리는 권세를 주리니 그가 철장을 가지고 그들을 다스려 질그릇 깨뜨리는 것과 같이 하리라. 나도 내 아버지께 받은 것이 그러하니라. 내가 또 그에게 새벽 별을 주리라(계 2:25-28).

예수님이 자신의 보좌에 앉으시려 새로운 세상 (즉 새로워진 전지구적 에덴)에 돌아오실 때, 그분은 자신의 형제자매들과 통치권을 나누실 것이다. 정사와 권세는 그 왕좌에서 쫓겨나고, 우리가 그들의 자리를 대신할 것이다. 그들의 통치권은 하나님께 신실했던 천사들에게 주어지지 않을 것이다. 하나님의 최종적인 에덴 왕국에서는 우리가 천사들보다 더 높아질 것이다.

요한계시록 2:28의 마지막 말씀이 혼란스러운가? "내가 또 그에게 새벽 별을 주[겠다]"고? 이상하게 들리겠지만, 이 구절은 악한 권세자들에 대한 처분이 끝나고 나면, 우리가 예수님과 더불어 만국을 공동 통치하게 된다는 뜻이다. "새벽 별"(morning star)은 신적 존재들을 묘사하는 데 사용된다(욥 38:7). 또한 메시아를 가리킬 때 사용되기도 한다. 메시아 역시 신적 존재이기 때문에, 장차 임할 메시아의 통치를 묘사하는 데 "별에 관련된 용어"가 이따금씩 사용되기도 한다. 민수기 24:17은 이렇게 말한다. "한 별이 야곱에게서 나오며 한 규가 이스라엘에게서 일어나[리라]." 요한계시록에서 예수님은 자신을 이렇게 소개하신다. "나는 다윗의 뿌리요 자손이니 곧 광명한 새벽 별이라"(계 22:16).

요한계시록 2:25-28의 어법은 강력하다. 예수님은 자기 자신이 메시아를 의미하는 새벽 별일 뿐 아니라, 그 새벽 별을 우리에게 주겠다고(즉 메시아로서의 통치를 우리와 함께하겠다고) 말씀하신다. 요한계시록 3:20-21은 여기서 한걸음 더 나아가기 때문에, 신자들은 요점을 놓칠 수가 없다.

> 볼지어다, 내가 문 밖에 서서 두드리노니 누구든지 내 음성을 듣고 문을 열면 내가 그에게로 들어가 그와 더불어 먹고 그는 나와 더불어 먹으리라. 이기는 그에게는 내가 내 보좌에 함께 앉게 하여 주기를 내가 이기고 아버지 보좌에 함께 앉은 것과 같

이 하리라(계 3:20-21).

하나님은 도대체 무슨 목적으로 우리를 신적인 본성에 참여하게 하시는 걸까? 왜 예수님은 천상회의에서 우리를 자신의 형제와 자매로 소개하실까? 하나님이 최초에 원하시던 대로, 우리에게 세상에 대한 통치권을 주시기 위해서다. 천국은 새롭게 된, 전지구적 에덴의 모습으로 이 땅에 다시 실현될 것이다.

영원한 에덴

창세기의 첫 장에서부터 에덴은 (인간, 하나님의 또다른 형상 담지자들, 그리고 하나님 나라를 위한) 하나님의 계획의 중심지였다. 그래서 요한계시록의 마지막 장이 우리를 다시금 에덴으로 데려가는 것이 결코 놀랍거나 우연한 일이 아니다.

또 그 천사가 수정 같이 맑은 생명수의 강을 내게 보이니 하나님과 및 어린 양의 보좌로부터 나와서 길 가운데로 흐르더라. 강 좌우에 생명나무가 있어 열두 가지 열매를 맺되 달마다 그 열매를 맺고 그 나무 잎사귀들은 만국을 치료하기 위하여 있더라. 다시 저주가 없으며 하나님과 그 어린 양의 보좌가 그 가운데에 있으리니 그의 종들이 그를 섬기며 그의 얼굴을 볼 터이요 그의 이름도 그들의 이마에 있으리라. 다시 밤이 없겠고 등불과 햇빛이 쓸 데 없으니 이는 주 하나님이 그들에게 비치심이라. 그들이 세세토록 왕 노릇 하리로다.

생명나무가 민족들(만국)을 치료한다는 사실이 이목을 끈다. 한때 정사와 권세들에 의해 지배받던 민족들은 당신과 나 같은 하나님의 새로운 아들들과 딸들에 의해 통치를 받게 될 것이다.

요한계시록에서 생명나무가 이 대목에서 처음 등장하는 것은 아니다. 예수님은 요한계시록 2:7, 11에서 끝까지 믿는 자들에게 이렇게 말씀하신다. "이기는 그에게는 내가 하나님의 낙원에 있는 생명나무의 열매를 주어 먹게 하리라. … 이기는 자는 둘째 사망의 해를 받지 아니하리라." 여기서 생명나무는 분명히 에덴을 떠올리게 한다. 첫째 사망은 아담의 범죄와 에덴에서의 추방에서 비롯된 육신적인 죽음을 가리킨다. 신자와 비신자를 막론하고 모든 사람이 심판 전에 부활하기 때문에, 둘째 사망은 최종적인 심판을 의미한다(계

21:8). 새 에덴에서 계속 하나님과 함께 살아가는 사람들은 둘째 사망의 해를 당하지 않는다.

왜 이것이 중요한가

많은 그리스도인이 사후 세계에 대해 그릇된 견해를 갖고 있다. 성경은 우리에게 사후 세계에 대해 전부는 아니더라도 어떤 부분에서는 분명하게 말한다. 우리는 구름 위를 떠다니면서 밤낮으로 하프를 켜고 쉼없이 노래를 부르는 식으로 지내지 않을 것이다. 우리는 그저 앞서 떠나보냈던 사랑하는 이들이나 옛적 그 유명한 믿음의 선배들을 만나 하늘의 소파에 앉아서 담소를 나누며 종일 지내지도 않을 것이다.

Supernatural

우리는 에덴이 제공하는 삶을 살게 될 것이다. 우리는 하나님께 끝까지 충성했던 신적 존재들과 함께 하나님이 창조하신 세상을 한껏 누리면서 그것들을 돌보는 일에 여념이 없을 것이다.

대신에 우리는 에덴이 제공하는 삶을 살게 될 것이다. 우리는 하나님께 끝까지 충성했던 신적 존재들과 함께 하나님이 창조하신 세상을 한껏 누리면서 그것들을 돌보는 일에 여념이 없을 것이다. 하늘과 땅은 더 이상 분리된 곳이 아닐 것이다.

우리의 운명이 그렇다는 걸 안다면 지금 여기서 살아가는 우리의 생각 역시 그 운명에 의해 형성되어야 한다. 바울이 말한 것처럼, "하나님이 자기를 사랑하는 자들을 위하여 예비하신 모든 것은 눈으로 보지 못하고 귀로 듣지 못하고 사람의 마음으로 생각하지도 못한 것이었다"(고전 2:9). 이 눈부시고 영광스러운 결과를 알기에, 우리를 둘러싼 현재 상황을 바라보는 관점 역시 달라져야 한다. 바울은 고린도 교인들에게 보낸 두 번째 편지에서 이렇게 말한다.

> 찬송하리로다. 그는 우리 주 예수 그리스도의 하나님이시요 자비의 아버지시요 모든 위로의 하나님이시며 우리의 모든 환난 중에서 우리를 위로하사 … 형제들아, 우리가 아시아에서 당한 환난을 너희가 모르기를 원하지 아니하노니, 힘에 겹도록 심한 고난을 당하여 살 소망까지 끊어지고 우리는 우리 자신이 사형 선고를 받은 줄 알았으니, 이는 우리로 자기를 의지하지 말고 오직 죽은 자를 다시 살리시는 하나님만 의지하게 하심이라(고후 1:3-9).

하나님은 우리 생명을 보존하실 수 있다. 심지어 죽음을 당했더라도, 우리는 예수님과 더불어 그분의 보좌에 앉기 위해 일으키심을 받을 것이다.

우리는 우리의 운명을 염두에 두면서 살 수도 있고, 그렇지 않을 수도 있다. 우리의 운명이 어떠할지에 대한 깨달음은 우리의 행동에도 변화를 가져올 것이다. 만일 비난하고 얕잡아보는 일에 능숙한 어떤 사람과 언젠가 한집에 살거나 같은 사무실에서 일하게 될 것을 안다면, 우리는 화평케 하는 자, 격려하는 사람이 되려고 애쓰거나, 최소한 그 사람의 좋은 친구가 되기 위해 좀더 노력할 것이다. 그런데 우리가 동료 신자들을 아무렇게나 대한다면, 심지어 믿지 않는 사람들을 예수님께로 이끌려는 노력은커녕, 도리어 원수처럼 갈등만 일으킨다면 어떻겠는가? 우리가 영원을 바라보고 사는 사람이라는 평가를 받을 수 있을까?

예수님이 얼마나 많은 통치권을 나눠주셔야 당신은 행복할 수 있을까? 질문 자체가 이상하게 들릴지 모르겠다. 왜냐하면 무엇이든지 예수님이 주시는 선물은 경이로울 것이기 때문이다. 그런데도 왜 우리는 높은 지위를 얻겠다고 동료 신자들과 경쟁을 벌이는가? 왜 우리는 다투면서까지 우위를 점하고, 인기를 얻고, 개인적인 이익을 취하려고 하는가? 바울이 장래의 운명이 어떠할지 굳이 깨우쳐주어야 했던 고린도 교인들보다 우리가 나을 게 없지 않은가? 우리는 주님과 함께 통치하고 다스리는 일에 만족할 수 있어야 한다. 그렇지 않다면 우리가 그리스도인이라 말할 수 없다.

그리스도인으로서 당신이 누구인지 알고 당신을 향한 하나님의 계획이 무엇인지 아는 사람처럼 살아야 할 때가 되었다.

결론

우리의 여정 막바지에 다다랐다. 어쩌면 이제 시작한 것에 불과하다고 말해야 더 좋을 것이다. 우리는 몇 가지 근본적인 질문들을 숙고해왔다. 여호와 하나님 외에 다른 신들이 존재할까? 다른 신들이 실제로 있다면, 그 사실이 우리가 성경을 이해하는 방식에 큰 차이를 불러올까? (익숙하고 받아들일 만한 내용뿐 아니라, 이상해서 종종 넘어가곤 했던 내용들을 포함해) 성경이 묘사하는 보이지 않는 세계가 실재한다면, 그것은 우리의 신앙에 어떤 의미가 있을까? 성경의 초자연적 줄거리의 흐름을 파악했을 때, 나는 모든 것을 다르게 생각해야 한다는 것을 깨달았다. 그리고 이 모든 것을 두 단어로 요약할 수 있었다. 정체성과 목적. 나는 당신이 이 책을 읽어나가면서 이

두 지점에서 도전 받았기를 바란다.

우리의 정체성 — 하나님 가족에 속하며 본향이 있는 자

이 책에서 논의한 내용은, 우리가 그리스도인이 되는 것(즉 신약성경이 그토록 자주 강조하는 바, 그리스도 안에 있는 것)이 무엇을 의미하는지 인식하는 데 중대한 영향을 미친다. 일단 구약성경의 신들이 실재한다는 것을 깨닫게 되면, 그때부터 이스라엘의 하나님 여호와 앞에 다른 신을 두지 말라는 계명의 의미가 또렷해진다. 제1계명은 돈이나 보트나 차에 관심을 주지 말라는 것 따위의 이야기가 아니다. 그것은 자기 백성을 향한 하나님의 질투심 가득한 사랑과 관련이 있다. 달리 말하자면, 제1계명의 의미는 실제로 말하는 그대로다. 우리는 제1계명이 모든 신들 위에 계신 하나님께 충성을 바치지 않고, 오히려 다른 신들에게 충성을 바치는 광기를 지적하고 있음을 놓쳐서는 안 된다.

하나님이 신들과 그 백성(열국)을 심판하신 그 결과물 안에서 살아가는 일이 끔찍하다는 것은 자명한 일이다. 한때 우리는 상속권을 박탈당했고, 다른 신들의 부패와 착취 아래 종으로 매여 살았다. 바울이 말하듯이, 우리는 하나님에게서 떠난 자들이었고, 그분의 언약적 사랑에 대해서는 외부자들이었다. 우리는 보이지 않는 지배자들을 섬기는 가운데 잃어버린 자, 어둠에 종노릇하던 자, 하나님의 원수였다(엡 4:18; 골 1:21).

이런 배경을 이해할 때, 양자됨과 상속 같은 교리적 개념은 우리에게 의미심장하게 다가온다. 그런 용어는 단순히 용어로 끝나지 않고 놀라운 이야기로 되살아난다. 하나님은 (자신이 직접 창조하신 이 세계를 누리면서) 자신의 가족과 더불어 이 땅에서 살아가시려는 계획을 결코 포기할 의사가 없으셨다. 바벨에서 하나님은 인류에게 등을 돌리셨지만, 바로 그 다음에 아브라함을 불러 새로운 가족으로 삼으셨다. 그뿐 아니라 아브라함으로 하여금 (상속권을 박탈당하고 신들의 지배 아래 예속되었던) 인류를 하나님께로 돌이키는 통로로 삼기 원하셨다(행 10:26-27).

성경의 영적 세계에 존재하는 초자연적 실체들을 받아들이는 일은 성경 이해에 필수적이다. 그것은 (구약성경의 이야기가 전개될수록) 어째서 우상 숭배의 죄가 다른 죄와는 현저히 다르게 취급되는지를 설명해준다. 말 그대로 우상을 숭배하는 죄이기 때문이다. 이스라엘은 하나님께 신실하도록 창조되었다. 그럼에도 이스라엘이 다른 신들에게로 돌아섰을 때, 그들은 유배 신세가 되었고 다른 민족들처럼 내버려졌다. 성경이 구원에 대해 말할 때 언제나 믿음이라는 용어를 가져와 설명하는 핵심 근거가 바로 이것이다. 하나님은 궁극적으로 더 나은 행동을 바라시는 것이 아니다. 하나님은 신실한 믿음을 찾으신다. 모든 신들 가운데 지극히 높으신 하나님께만 우리의 마음을 두기로 선택할 때, 하나님이 우리를 구원하실 것이다. 반면 우리가 다른 신들을 선택할 때, 우리는 뿌린 대로 거두는 원리에 따라 응당한 결과를 맞이할 것이다.

> **Supernatural**
>
> 성경의 영적 세계에 존재하는 초자연적 실체들을 받아들이는 일은 성경 이해에 필수적이다.

오늘날 우리에게, 신실한 믿음이란 예수님이 십자가에서 행하신 일을 받아들이는 것을 의미한다. 예수님은 육신을 입으신 하나님이시기 때문이다. 우리의 윤리와 행동(즉 우리의 행위들)은 하나님이 우리를 받아들이시는 데 필요한 신실함의 기준이 아니다. 우리가 하나님의 계명을 따르는 것은 이미 그분을 선택했기 때문이다. 하나님이 주신 계명은 우리를 (자기 자신 및 다른 사람들을 파괴하는 일에서 멀어지게 함으로) 행복과 만족으로 이끌 것이다. 하나님의 계명은 하나님과 그분의 가족(즉 보이는 존재들과 보이지 않는 존재들을 망라하는 우리의 가족)이 하나님 나라, 즉 새 에덴에서 조화롭게 살아가는 삶을 조금이나마 맛보게 해준다.

우리의 목적 — 에덴을 회복하는 하나님의 계획에 참여하기

하나님 가족의 일원이 되는 데는 오직 한 가지 조건이 필요하다. 모든 신들 가운데 참된 신이신 하나님, 곧 예수 그리스도의 인격 안에서 우리에게 오신 하나님에 대한 흔들리지 않는 믿음이다. 하나님의 가족으로서 자격을 얻게 될 때, 그것은 우리에게 놀라운 특권을 부여할 뿐 아니라 삶에 분명한 목적을 제공한다.

하나님 가족의 일원이 된 자들에겐 사명이 있다. 즉, 하나님을 위한 대행자로서 이 세상을 향한 하나님의 선한 통치를 회복하고 더 많은 사람들을 하나님 가족의 일원으로 편입시키는 것이다. 우리는 주님이 다시 오실 때까지 사도

> **Supernatural**
>
> 하나님 가족의 일원이 되는 데는 오직 한 가지 조건이 필요하다. 모든 신들 가운데 참된 신이신 하나님, 곧 예수 그리스도의 인격 안에서 우리에게 오신 하나님에 대한 흔들리지 않는 믿음이다.

행전 2장에서 시작된 대반전을 지속하고 그리스도의 몸 된 교회를 확장하기 위한 하나님의 도구다. 에덴에서 벌어진 최초의 실패 이후 악이 인류를 통해 전염됐던 것처럼, 복음도 이에 감염된 숙주들을 통해 해독제처럼 퍼져 나갈 것이다. 우리는 진리의 전파자다. 그 진리란 신들 중에 신이신 하나님, 열방을 향한 그분의 사랑, 창조 이후로 이 땅에서 자신의 가족과 함께 살기 원하셨던 그분의 변함없는 열정에 대한 것이다. 에덴은 다시 살아날 것이다.

과학적 연구에 따르면, 세계의 대륙은 해마다 조금씩 서로 멀어지고 있다. 하지만 인간의 감각으로는 대륙의 이동을 감지할 수 없다. 단지 사후 관측을 통해 그 현상이 일어나고 있음을 알 뿐이다. 끊임없고 흔들림 없이 이어지는 하나님 나라의 진보도 마찬가지다. 우리는 어둠의 권세인 신들의 지배 영역이 어떻게 날마다 움츠러드는지, 복음이 그 지배 아래 있던 사람들을 어떻게 한 사람씩 자유케 하는지 육안으로 식별할 수 없다. 하지만 하나님 나라의 진보는 식별 불가능한 확실성을 가지고 있다.

하나님 나라의 진보라는 거대한 그림 속에 우리가 위치해 있다는 사실을 발견하는 열쇠는, 우리가 비록 알 수 없을지라도 하나님이 여전히 자신의 계획을 실행하고 계시다는 사실을 확고히 붙드는 것이다. 우리 삶 속에서, 그리고 인류 역사의 무수한 사건들 속에서 하나님의 전지하신 섭리가 작동하고 있음을 믿지 않는다면, 우리는 보이지 않는 초자연적 세계의 실재를 진정으로 믿는다고 말할 수 없다. "하나님의 보이지 않는 손길, (하나님께 충성된 자들로서 우리를 섬기는) 보이지 않는 대행자들(히 1:14), 이 모두가 우리를 둘러싼 상황 가운데 적극 개입하고 있으며, 그로 말미암아 전지구적 에덴을 향한 하나님의 목표가 중단없이 전진하고 있다"는 사실을 우리가 의식하며 살아가기를 하나님은 바라신다.

누군가를 하나님 나라로 이끄는 통로로서, 그리고 하나님 나라를 변호하는 자로서 우리 한 사람 한 사람은 매우 소중한 존재들이다. 날마다 우리는 어둠의 지배 아래 있는 사람들을 만난다. 날마다 우리는 불완전한 세상에서 우리에게 주어진 목적 달성을 위한 힘겨운 수고를 감당하는 서로를 격려할 기회를 얻는다. 그렇기에 우리가 행하고 말하는 모든 것이 중요하다. 왜 그런지, 어떻게 그리 되는지는 완전히 알 수 없지만 말이다. 우리의 일은 아는 것이 아니라 행하는 것이다. 믿음에서 비롯된 행함은 소극적이지 않으며 목적이 분명한 것이어야 한다.